本书的出版得到国家自然科学基金面上项目（71472016）支持

管理学论丛

弱势谈判者的逆袭

WAYS FOR LESS POWERFUL NEGOTIATORS TO
TURN THE TABLES

王敏 著

图书在版编目(CIP)数据

弱势谈判者的逆袭/王敏著. —北京:北京大学出版社,2018.5
(管理学论丛)
ISBN 978-7-301-29489-5

Ⅰ. ①弱… Ⅱ. ①王… Ⅲ. ①谈判学 Ⅳ. ①C912.35

中国版本图书馆CIP数据核字(2018)第071709号

书　　　名	弱势谈判者的逆袭 RUOSHI TANPANZHE DE NIXI
著作责任者	王　敏　著
策 划 编 辑	贾米娜
责 任 编 辑	王　晶
标 准 书 号	ISBN 978-7-301-29489-5
出 版 发 行	北京大学出版社
地　　　址	北京市海淀区成府路205号　100871
网　　　址	http://www.pup.cn
电 子 信 箱	em@pup.cn　　QQ:552063295
新 浪 微 博	@北京大学出版社　@北京大学出版社经管图书
电　　　话	邮购部 62752015　发行部 62750672　编辑部 62752926
印 刷 者	北京大学印刷厂
经 销 者	新华书店
	730毫米×1020毫米　16开本　12.5印张　201千字 2018年5月第1版　2018年5月第1次印刷
定　　　价	45.00元

未经许可，不得以任何方式复制或抄袭本书之部分或全部内容。
版权所有，侵权必究
举报电话: 010-62752024　电子信箱: fd@pup.pku.edu.cn
图书如有印装质量问题，请与出版部联系，电话: 010-62756370

引 言 /1

第一章 谈判概述 /3
一、武力还是谈判:从冲突解决方式谈起 /3
二、谈判的基本概念 /4
三、谈判研究 /8
四、谈判研究的现实意义 /12
附录 1-1 /13
附录 1-2 /14

第二章 中国情境下的谈判 /16
一、文化价值观对谈判的影响 /16
二、中国人的谈判观 /34

第三章 权力在谈判中的影响 /39
一、权力 /39
二、权力对谈判的影响 /42

三、研究一 权力在分配式谈判中的影响 /49
四、研究二 权力在整合式谈判中的影响 /68
附录3-1 谈判者的竞争行为和妥协行为 /88
附录3-2 研究一的谈判材料 /89
附录3-3 促进性调节焦点量表(Higgins et al., 2001) /92

第四章 谁能打破权力的藩篱？ /94
一、理论与研究假设 /95
二、研究方法 /102
三、结果 /105
四、总结 /110
附录4-1 /113

第五章 战略型谦抑风格：弱者的诡谲 /114
一、背景 /114
二、理论分析 /119
三、战略型谦抑的适用情境 /131
四、从谈判风格来看战略型谦抑 /137
五、总结 /138

第六章 女性谈判者的逆袭 /140
一、性别刻板印象的影响 /140
二、性别对沟通和人际关系的影响 /143
三、性别对谈判的影响 /144

第七章 以弱胜强的策略 /148
一、弱者要树立积极的心态 /148
二、通过利益策略来间接提高个体收益 /152

三、提出新的公平原则 /154
四、提高对方对谈判的承诺感 /156
五、唤起强者的合作导向 /158
六、采用联合策略 /161
七、借助舆论的力量 /164
八、改善谈判场景 /166
九、适当运用双面说服等技巧 /168
十、选派恰当的谈判人员 /170

第八章 总结与讨论 /172
一、总结 /172
二、讨论 /174

参考文献 /177

引 言

谈判是一种用以分配资源和协调冲突的特殊社会交往形式。谈判研究的巨擘、哈佛大学教授威廉·尤瑞认为,"谈判是生活中不可或缺的事实,不管你喜欢与否,你都是一位谈判者"。谈判广泛发生在各个层次,大到国家层面上的领土纷争和贸易协定的谈判、公司之间的兼并收购谈判、研发部与市场部就产品参数进行的讨论,小到员工与组织间的薪酬和福利谈判、员工之间关于工作任务分配的商议,乃至在网络购物时买方与卖方讨价还价、家人间商议度假时间和地点、家长与孩子讨论先玩还是先做功课,等等,都属于谈判的范畴。从广义的角度,只要双方是通过沟通和交流来达到解决问题、达成协议的目的,都可以视作谈判。

在谈判中,双方通过沟通来寻求潜在矛盾的解决方案,最终达成双方都认可的方案。与战争、法律诉讼、最后通牒等形式相比,谈判具有更高的建设性和更低的交易成本,是积极的、有建设性的解决方式,因此,在政治学、外交学、经济学和管理学等各个领域,谈判和冲突管理一直是研究的热点和重点之一。

需要指出的是,在本书关注的谈判中,所涉及的冲突是资源冲突(scarce resource competition),而非价值观念的冲突(consensus conflict),如宗教冲突等。在资源冲突的谈判中,双方需要就资源(或者任务)的分配达成协议。

在谈判中,出于各种原因,谈判者双方的权力常常存在不对等的现象,因此,对不均衡谈判的考察吸引了很多研究者的注意。另外,由于中国文化具有高权力距离、集体主义等特征,在社会交往中人们对权力格外敏感,这也凸显了权力研究的意义。本书以不均衡谈判为主题,从不同角度对权力对谈判的影响进行了分析。本书首先对谈判和谈判研究进行了简单介绍(第一章),然后介绍了中国的文化价值观对谈判可能造成的影响(第二章)。第三章和第四章使用实验研究的方法,分析了权力在谈判中的影响过程和结果,并从弱者的角度,考察哪些策略有助于提高弱者的收益,以及具有哪些特征的谈判者可以在身处弱势时改变"命运"甚至反败为胜。接下来,本书对一种典型的谈判风格"战略型谦抑风格"进行了探讨(第五章)。之后,本书讨论了一种特殊形式的"弱者"——女性谈判者,分析了性别刻板印象对谈判和人际沟通的影响,探讨了可能的应对策略(第六章)。在理论研究和案例分析的基础上,本书在第七章总结了弱者的十个有效谈判策略。第八章对全书进行了总结。

第一章 谈判概述

一、武力还是谈判：从冲突解决方式谈起

大多数人本质上是不喜欢谈判的。原因在于，谈判常常是双方利益的激烈冲突，双方都要努力为自己争取利益，谈判过程中免不了要唇枪舌剑，甚至会伤和气，更重要的是要调动双方大量的认知资源。

美国著名珠宝品牌蒂芙尼，在1837年开业时提出了一项当时很特别的策略，那就是所有在售商品的价格都是固定的，是不可协商的(non-negotiable)。此举一方面可以保证商品在顾客心中恒定的价值，营造高贵感，另一方面也免去了人们讨价还价所费的口舌，暗合了人们厌恶谈判的心理。中国的家装品牌居然之家也曾经提出过"远离虚假折扣，省去砍价烦恼"的明码标价营销举措，此举也吸引了潜意识里讨厌谈判的人。

即便如此，在面临冲突时，谈判仍然是一种相对文明的解决方式。艺术家丰子恺曾画过一幅作品，名为《战争的起源》，内容是两个小孩为了争一盒饼干而拉拉扯扯。可见，在面临资源的冲突时，武力常常是一个很直接的选择，尤其是当

人们缺乏辨别力或自我约束时。

《战国策》提出,君王应"式于政,不式于勇",即管理国家应通过文明治理的方式,武装力量不应是首选。古印度的《摩奴法典》也指出,解决国家间的争端,首先应循外交途径,武力则应退居第二位。美国前总统尼克松说,"我们需要从对抗时代转换到谈判时代"。这表明,随着文明的发展和人们心智的提高,人类应选用其他更有效的冲突解决方式,武力对抗应该是末位的选择。武器的主要作用应该是威慑,以保障均衡的态势(Schelling,1960)。

谈判作为一种冲突解决方式,具有其积极意义。谈判不应是简单的"二一添作五",而是要求人们尽可能地沟通信息,或直接或间接地交换信息,做出双方都认可的决策,实现双方利益的最大化,从而有效地平息冲突,解决现有问题。研究者提出了几个衡量冲突解决方法的指标,包括交易成本、结果满意度、关系影响度、冲突重现度等;综合来看,谈判是较优的冲突解决方式。

二、谈判的基本概念

(一) 谈判的类型

按照谈判中涉及的资源的总和来划分,谈判可以分为两种,即分配式(distributive)谈判和整合式(integrative)谈判(Walton and McKersie,1965)。顾名思义,在分配式谈判中,可分配的资源的总额是固定的,因此,一方利益的获得必然要以另一方利益的丧失为代价。例如,劳资双方就工资进行协商,夫妻二人就国庆节的度假地点进行讨论,就是分配式谈判的例子。以往的研究指出,分配式谈判成功的关键是树立较高的谈判目标、提出较高的第一次出价、不轻易让步,等等(Thompson,2001)。总之,与整合式谈判相比,分配式谈判中含有较多的"竞争"成分,类似零和博弈(如附录1-1),双方利益存在"你多我少"的关系。

在整合式谈判中,可分配的资源的总额是可变的,谈判的事项超过一个,各方在这些事项上有着不同程度的重要性和优先性(如附录1-2),因此可以在这些事项上进行互换(trade-off 或 logroll),也就是说,谈判者在对自己不重要的事项上让步,换得对方在对自己重要的事情上让步,从而达到双赢。例如,夫妻双方欲利用春节期间旅行,双方要商议的事项包括度假地点和时长,妻子希望能前往海岛度假,时间短些为好,丈夫则希望能休息一周,地点以山区为宜。仔细审视自己的需求后,双方发现妻子更在乎度假地,丈夫则更关注度假时长,这样他们选择在海岛度假一周,彼此让一步,便有了双赢的空间。

这种互换与社会学家霍曼斯提出的霍曼斯原理(Homans' theorem; Zartman and Berman, 1982)类似,即每一方都能够从另一方获得比它让出的东西对自己更有价值的东西,从而促进了双方的共同利益。一个例子是,一个热衷于阿氏减肥法的人手中有一盒饼干,而一个甜食爱好者正好有一块排骨,两人便可交换手中的食物。因此,整合性谈判是一种混合动机(mixed-motives)式的谈判,既需要与对方竞争,为自己谋取利益,又需要与对方合作,通过互换来达到双赢。参与谈判的双方常常以建立长期的关系并促进双方未来的合作为辅助目标。离开谈判桌时,双方都有可能是赢家,而在分配式谈判中,必然有一方会成为输家,以致有可能会妨碍日后的合作。以往的研究表明,与常识不同的是,双赢的核心并非在于"求同",而是在于找出双方的利益差异,进行互换(Thompson, 2001)。

(二) 有关概念

1. 谈判的结果

谈判的结果包括经济后果和社会心理后果。经济后果包括个体收益、联合收益等,个体收益是指谈判者所获得的收益,而联合收益是双方收益的加总,即谈判协议的帕累托优化程度。在谈判研究中,联合收益是用来衡量双赢的最常见的指标,联合收益越高,双赢的程度越高。在谈判中,出于情境或者个体特点,有的谈判者追求个人利益最大化,有的则追求双赢。当然,双赢的概念通常只出现在整合式谈判中,分配式谈判无双赢可言。

除了经济后果,研究者还关注谈判的社会心理后果(social psychological outcomes),包括谈判者对谈判过程和结果的满意度、谈判后的公平感、对谈判对手的评价、与谈判对手日后来往的意愿等。值得注意的是,经济后果和社会心理后果常常是不一致的,比如,某位谈判者虽然在谈判中成功"打败"了对方,取得了较好的个体收益,但充满着争吵和火药味的过程却让其感到不太舒适;又比如,某位谈判者一直与对手相谈甚欢,对谈判过程的满意度很高,谈判后却发现对方给出了虚假的底线,导致己方收益很差。考虑社会心理后果能够更准确地衡量谈判的后果。

2. 谈判者的目标或期望

谈判者的目标(goal)或期望(aspiration)可能是自己设立的,也可能是外界促成的,例如,公司在派遣谈判人员时,给其确定了谈判目标,否则就"提头来见"。大量研究发现,谈判者在谈判前树立的目标越高,谈判者取得的个体收益越高。本书之后的研究也表明,具有某些特质(例如促进性调节焦点)的谈判者倾向于树立较高的目标。

3. 谈判者的底线或保留价格

谈判者在进入谈判时,往往已经确立了自己的底线(bottom line)或保留价格(reservation price)。底线的形成有多种原因,例如,某位售房者的底线是195万元,原因在于他想要二次购买的房产的价值为225万元,同时家中尚有30万元存款,因此他目前至少要拿到195万元才够用;或者,他这套房子的买入价为180万,他希望售出价至少要高于买入价。一般而言,底线与谈判者的第一次出价、谈判的最终结果,都存在一定的相关关系。

4. 潜在的谈判空间

潜在的谈判空间(zone of potential agreement, ZOPA),通常是由双方的底

线、目标、出价等因素来确定的。只有当 ZOPA 为正,也就是说存在谈判空间时,谈判才有可能达成协议。举例来说,在进行一栋民宅交易时,卖方希望能售出 220 万元,至少要售出 195 万元,而买方希望能以 180 万元买入,最多 205 万元。那么双方的 ZOPA 就是正的。换一种情况,如果买方最多能出 190 万元,协议就不可能达成,因为 ZOPA 为负;当然,这个时候还需要去挖掘彼此的需求,看有没有将 ZOPA 转正的可能。例如,由于双方还需要 6 个月才能办好手续、交割房产,而买方目前属于租房居住的状态,需要留出现金以支付租金,如此的话,双方可签订协议,买方提前入住,同时提高买入价,这样就有了谈判的空间。

5. 谈判者的最佳替代方案

BATNA(best alternatives to negotiated agreement, BATNA)的概念首先由 Fisher and Ury(1981)提出,指谈判者在当前谈判之外的最佳替代方案。例如,当某人去 A 车行买车的时候,如果事先已经获得 B 车行清楚而明确的报价,那么在 B 车行买车就是谈判者的一个 BATNA。谈判者判断当前的协议对自己是否有利的根本标准是当前的协议是否优于 BATNA。谈判者拥有的谈判力被认为是影响谈判收益的一个重要因素(Fisher and Ury, 1981),而双方 BATNA 之间的差距是谈判力的一个具体指标(Rubin and Brown, 1975)。在谈判中,BATNA 往往能直接影响谈判结果,因此谈判者一方面要注意不能向对方轻易透露自己的 BATNA,另一方面应尽量去了解对方的 BATNA,不能急于相信对方透露的 BATNA——它很可能是诱饵。

除了上述概念,谈判中还常涉及让步、谈判后协议等概念,在之后的章节中我们另行阐述。

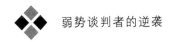
弱势谈判者的逆袭

三、谈 判 研 究

（一）谈判的研究范式

谈判是多个学科共同关注的话题,这些学科包括政治学、经济学、组织行为学、社会和人格心理学,以及沟通科学,等等。各学科以不同的视角来看待谈判,并使用不同的研究方法来进行探讨(Carnevale and De Dreu,2005)。例如,对各个学科的最核心期刊的考察发现,经济学中的谈判研究常常使用数学模型(mathematical modeling)来进行分析,而政治学可能使用比较案例分析(comparative case analysis)、档案数据分析(analysis of archival data),心理学接近90%的论文则使用了实验室研究(laboratory experiment)和问卷(survey)的方法,等等。

本书的第三章和第四章采用了社会心理学在谈判研究中的研究范式。利用模拟谈判的方法,社会心理学已经发展出了一套成熟的研究范式。目前在社会心理学和组织行为学领域的核心期刊上发表的数百篇实证文章,大多数采取了这套研究范式(Carnevale and De Dreu,2005)。该范式的主要内容包括以下几点。

1. 谈判任务

模拟谈判的核心在于谈判任务。谈判任务是现实生活中谈判的简化版本,但经过设计后,能体现谈判的关键因素。

分配式谈判的任务　在现实生活中,许多谈判是针锋相对的,反映到模拟谈判中就是双方需要就一个事项达成协议。例如,在房屋买卖的谈判中,房屋成交的价格就是谈判任务或事项。有的模拟谈判仅仅给出一个区域,如要求房屋的价格落在50万元到80万元之间,有的则会给出一个包含若干选择的收益表

(pay-off structure; Carnevale and De Dreu, 2005),每个选择代表不同的点数,谈判者的收益是用点数来表示的,点数越多,则收益越高,要求双方决定采取哪个选择(例如,附录1-1中的分配式谈判)。在程序上,一般会给谈判双方(或各方)提供谈判材料,包括双方都有的一般信息和各自的角色信息。一般信息包括谈判的背景、双方的身份、谈判的区域等,角色信息一般包括对己方情况的进一步介绍、该谈判者在当前谈判外的其他选择,等等,有时角色信息中也包含了实验所需要的操纵。

整合式谈判的任务　在模拟整合式谈判时,程序与分配式谈判大致类似,但"秘密信息"(己方独有的信息)的收益表会更加复杂(如附录1-2的整合式谈判)。收益表列出了需要谈判的事项,每个事项给出几个方案以及各个方案分别代表的点数。双方必须在所有的事项上都达成协议,谈判才被认为是成功的。例如,如果双方达成的协议如下:

奖金:10%
工作地点:温州
工作部门:战略规划部
报到日期:9月1日

那么,对于工作申请人来说,所获得的点数一共为5 600点,即个体收益为5 600点;同时,人事经理所获得的点数为2 400点,即个体收益为2 400点。双方的个体收益之和为联合收益,即为8 000点。联合收益是表示谈判协议整合程度(integrativeness)的重要指标,联合收益越高,谈判的整合程度越高。

从收益表中可以看出,模拟谈判主要包括三类事项。第一类是整合性的,即双方在这类事项上的重要性有所差异(例如"奖金"和"工作部门"),如果谈判者能够在对自己次要的事项上让步,换取对方在对自己重要的事项上让步,那么双方便可以达到双赢;第二类事项是协调性的,即双方的利益是一致的(例如"工作地点"),这时谈判者最好的策略是选择对双方来说点数最高的选项;第三类事项是分配式的,即双方的利益是对立的(例如"报到日期")。毕竟,大多数谈判中都有或多或少需要针锋相对的因素。可以看出,如果双方能够实现充分的信息交

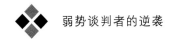

流和互换,并且达成如下的协议:

奖金:10%
工作地点:无锡
工作部门:销售部
报到日期:任意

那么联合收益便可达到12 800点,实现了帕累托最优。如果报到日期在8月1日,双方的个体收益将均为6 400点;如果报到日期在8月1日之后,人事经理的个体收益将高于工作申请人,如果在8月1日之前,则将更有利于工作申请人的个体收益。但无论报到日期选择了哪个方案,联合收益都不会变,双方已经在奖金和工作部门两个事项上实现了充分互换,并在工作地点上选择了对双方来说都最有利的方案。

2. 被试

在模拟谈判中,参加者大多为本科生(Carnevale and De Dreu, 2005)。在心理学研究中,本科生是常见的被试来源。和其他的研究一样,本科生参与模拟谈判可以获得学分、物质奖励或抽奖的机会。Sieber and Sakes(1989)对326个心理学系进行了调查,发现其中有3/4的系曾经使用参加心理学导论课程的本科生作为心理学研究的被试。这在一定程度上会影响外部效度。

3. 变量的测量

无论是做整合式还是分配式谈判中,谈判结束前和结束后,参与者通常都会被要求填写问卷,问卷中包括了研究所考察的变量。出于对谈判过程的兴趣,很多研究者都会采用录像或者录音的方式,通过在谈判后对录像进行编码和分析来进一步分析变量。模拟谈判有时也在电脑上进行,这样产生的文本记录便可用作分析。

还有许多谈判采用实验研究的方式,那么自变量有时在谈判前操纵,例如两组被试分别观看不同类型的视频,有时在谈判中被操纵,例如研究者进入实验室给予不同的指示。

4. 谈判伦理

在使用模拟谈判时,研究者通常要提醒参加者,不要把己方的秘密信息出示给对方看。同时,参加者被告知,谈判需要限定在谈判材料的范围内,在材料的基础上适当地添加细节是允许的,但是不能脱离谈判材料任意编造信息。双方在谈判结束后可以要求查看对方的材料,此举可以有效地约束谈判者的欺骗行为。

和其他领域的研究一样,实验室谈判的主要优点在于能够建立起因果关系,排除某些干扰变量的影响,最大化系统变异(即由实验处理造成的因变量的变化);缺点在于无法考察历史事件,收益表无法完全模拟真实生活中的谈判,存在外部效度(external validity 或 generability)的问题(Carnevale and De Dreu, 2005)。

最后,尽管各学科使用不同的方法对谈判进行研究,但是各学科在很多方面都得出了类似的结果。以对分配式谈判的结果的考察为例,在谈判中经常可以观察到一种现象:双方采取折中的办法,即谈判结果处于谈判区域的中点附近。例如,在某次合同谈判中,如果买方出价 20 万元,卖方出价 50 万元,谈判结果往往落在 35 万元附近,特别是在双方的信息都不充分的情况下。针对这种倾向,在社会心理学领域,研究者提出了均分启发(equality heuristic),即谈判者在缺少认知资源的时候,会基于平等法则来决定谈判结果(Messick, 1993)。均分启发提供了一个有力的锚定,让谈判者趋于均分(Ohtsubo and Kameda, 1998),特别是在信息较少或者谈判者缺乏信息处理动机的时候。与此类似的是,Schelling(1960)提出了聚焦点(focal point)的概念。Schelling 把纳什均衡的结果理解为博弈参与者对彼此策略的预期的聚焦点。他主张,在默式谈判(tacit bargaining)中,即谈判双方在信息沟通不完全或无效的情况下,往往会根据直觉对彼此的预期做出判断,从而产生一个聚焦点。即使在显式谈判中,聚焦点也会影响到谈判结果。聚焦点常常落在折中的建议上,从而促使谈判取得成功。可见,各学科对于谈判的研究常有殊途同归的现象,这样在无形中也提高了该研究结论的效度。虽然本书对谈判使用了社会心理学的研究范式进行考察,但是,也期望能有助于其他学科的研究。

(二) 谈判的研究进展

在组织行为学领域,关于谈判的研究兴起于 20 世纪 60 年代(Bazerman et al., 2000; Thompson, Wang and Gunia, 2010)。截至目前,谈判的研究主要集中在三个路径,分别为谈判者的个体差异、行为决策过程和谈判的情境特征,每个路径都产生了大量的研究。在个体差异路径,经典的研究包括谈判者的性别(Stuhlmacher and Walters, 1999)、性格特征(Barry and Friedman, 1998)、情绪(Baron, 1990; Kopelman et al., 2006);行为决策路径的研究包括换位思考(perspective taking)、谈判者的认知偏见,如固定馅饼偏见(fixed-pie perception)、框架效应(framing effect)等(Neale and Bazerman, 1992);情境特征路径的研究则包括对文化、谈判者关系、谈判结构、时间压力、谈判沟通媒介等的众多研究(Adair, Okumura, and Brett, 2001; Moore et al., 1999)。

与组织行为学的大多数话题一样,最初这三个路径的研究交替迭起,轮流占据谈判研究的中心地位;之后研究者逐渐发现,无论是人格特征、行为决策还是情境特征,都难以单独解释谈判的结果和过程,因此必须考虑研究途径之间的融合,例如,考察人与情境的互动,并以认知过程或谈判过程(如谈判策略)作为中介机制。

四、谈判研究的现实意义

正如前文所言,谈判是一种有效的冲突管理方式,而冲突在社会生活中广泛存在,因此,了解谈判、研究谈判便有其现实意义。

从个体层面来看,中国人习惯于规避冲突,对谈判常常有着相对负面的看法,认为谈判会伤感情,在人际交往中不敢谈利益,希望对方能够理解自己的关注点和用心,但结果往往适得其反,变成了"君子始小人终"——不仅冲突事宜未能妥善解决,关系也有所损伤。如若双方能坦诚表达自己的观点,才有满足双方诉求的可能,否则常常只能达到次优的解决方案,例如五五分,而不是真正的双赢。

从宏观层面讲,谈判的研究对于当前的中国来说尤有建设意义。随着我国经济的发展和社会变革的推进,社会冲突逐渐出现,并呈现出多元化、复杂化、持久化的特征,如前些年的国有企业职工下岗问题、城市发展所带来的拆迁问题、行业变迁造成的出租车罢工问题,等等,对社会治理提出了较大的挑战,如果这些冲突没有得到妥善解决和处理,将引发更大程度的冲突。社会学家指出,在一个利益多元化的时代,谈判应当成为解决冲突的常规化形式(孙立平,2006)。国家的和谐,应是各种对抗力量平衡的结果,这种平衡表现为各方都有渠道提出自己的利益主张,并能通过协商来达成最终的妥协。正如"平民法官"宋鱼水所说,"用文明的方式来解决问题,这就是我对和谐社会的理解"。从这个角度来看,谈判研究的一个现实意义在于,有助于了解国家发展过程中冲突解决的前因和后果,了解达到双赢的手段和途径,从而促进和谐社会的建立。

附录 1-1

一个分配式谈判的收益表:劳资双方就薪酬涨额问题的谈判(Carnevale et al., 2005)

管理层		工会	
选项	点数	选项	点数
15%	0	15%	240
12%	60	12%	180
9%	120	9%	120
6%	180	6%	60
3%	240	3%	0

附录 1-2

一个整合式谈判的收益表：工作申请人和人事经理就工资合同的谈判

	申请人		人事经理	
	选项	点数	选项	点数
奖金	10%	4 000	2%	1 600
	8%	3 000	4%	1 200
	6%	2 000	6%	800
	4%	1 000	8%	400
	2%	0	10%	0
工作地点	温州	0	温州	0
	上海	300	上海	300
	西安	600	西安	600
	天津	900	天津	900
	无锡	1 200	无锡	1 200
工作部门	战略规划部	1 600	销售部	4 000
	营销部	1 200	情报部	3 000
	大客户部	800	大客户部	2 000
	情报部	400	营销部	1 000
	销售部	0	战略规划部	0

(续表)

	申请人		人事经理	
	选项	点数	选项	点数
报到日期	9月1日	0	7月1日	0
	8月15日	600	7月15日	600
	8月1日	1 200	8月1日	1 200
	7月15日	1 800	8月15日	1 800
	7月1日	2 400	9月1日	2 400

第二章　中国情境下的谈判

在本章,我们关注中国情境下的谈判。首先,我们根据价值观来分析文化的影响;其次,我们对中国人的谈判观进行研究。可以看出,中国谈判者的特征一方面是文化的产物,例如集体主义、权力距离等;而另一方面,在几十年的国际谈判中,由于受到经济发展的限制,中国企业在资金、技术、人才、管理理念等各个方面均处于弱势,而作为弱势者试图改善处境的策略又恰恰和某些文化特征暗合,又或许是,正是因为这些特征符合作为弱者的情境,所以被更充分地发展起来了。所以,在审视这些特征的时候,我们会发现,这些特征(或者谈判策略)是中国谈判者的价值理性和工具理性协同作用的结果。

一、文化价值观对谈判的影响

作为谈判研究的一个重点(Bazerman et al., 2000),文化对谈判的影响可以分为两类,一类是研究跨文化(intercultural)谈判,例如中国谈判者在遭遇美国谈判者时的行为和结果,第二类是进行文化内(intracultural)的比较,例如对日本谈判者与美国谈判者在相似情境下的出价策略进行比较,而不是让他们直接进行谈判。对于第二类研究,有少数研究涉及文化对双方的利益与优先事项的影响,但大多数是从文化价值观的角度展开的,包括个体主义与集体主义、权力距离、沟通语境(高语境与低语境)、时间观念(Brett et al., 1998),等等。

(一) 集体主义的影响

个体主义与集体主义是影响谈判的最重要的价值观,对中国谈判者至少有如下几方面的影响。

1. 重视和谐

研究者指出,受到集体主义的影响,中国文化的一个重要特征就是高度重视和谐(杨国枢,2004),主张"和为贵""和气致祥""谦光受益",因此当双方发生冲突后,中国人常常不能直面冲突,而是尽量弱化冲突。

一个值得借鉴的研究是,赵志裕曾考察了中国人面对不公平时的态度(Chiu, 1991)。在这个研究中,作为被试对象的香港大学生被要求尽可能地写出常见的中国传统谚语。在收集的将近1万条谚语中,293条涉及在遇到财富分配不公平或吃了亏之后,应采取的行动及具有的态度。结果发现,在293条中,只有1条是主张送官法办,同时有9条反对官办,这说明人们对法治是不抱信心的。另外,研究者按照人们的反应类型对谚语进行了分类,包括将不公平合理化(如"吃亏是福")、寄托于天诛或冥报(如"人力穷,天网张""不是不报,时候未到""人在做,天在看")、躲避(如"惹不起,躲得起""君子不与小人斗""退一步海阔天空")等。

文化能够影响人们面临冲突时采取的应对方式。在冲突管理方式领域,最广为人知的划分方式是 Pruitt and Rubin(1986)提出的双重关注模型(dual concern model)。该模型采用两个维度,分别为关心自己和关心他人,由此发展出五种冲突管理方式,分别为强迫/竞争、回避、整合、让步/包容和妥协。研究者指出,在个体主义文化中,人们倾向于选择采用直接对峙的方式来应对冲突,倾向于强迫式(forcing)的冲突解决手段(Holt and DeVore, 2005);与西方人相比，中国人常常采取回避或妥协的方式，而不是整合的方式（Morris et al.，1998)，回避代表着对他人利益、面子或心情的关照，因此，是一种维护和谐的手段。

历史学家孙隆基（2014）有一个有趣的观察，即中国的很多地名都强调安定方面的含义：

> 长安、延安、淮安、镇安、怀安、惠安、泰安、高安、远安、六安、兴安、新安、万安、文安、武安、乐安、隆安、宝安、太安、吉安、安西、安南、安远、安庆、安吉、安立、安多、安福、安化、安顺、安达、安康、安乡、安县、安阳、平安、宁乡、宁城、宁都、宁国、宁南、宁远、平和、平顺、平南、康平、高平、开平、广平、桂平、正定、保定、康定、永安、永和、永宁、永泰、永定、保靖、太和、太平、大同、同安、西安、东安、北安、南宁、南平、北平、定西……①

除此之外，北京紫禁城的四面大门叫作"天安门""地安门""东安门""西安门"。如此多的"安""宁""平"等，真切地反映了中国人对安定团结的渴望。孙隆基指出，可能是因为地幅辽阔，动乱对各个阶层都不利，所以中国人都希望太平，畏惧战争，"宁做太平犬，莫作乱离人"。为了达成这样的目的，大家都必须力求彼此之同，去相互之异；而且个体和"局部"必须尽量收束，以便促进整体的和谐。在中国传统的文人画中，常常有这样的主题：一个人独自走在深山中，身影几不可见，例如沈周的《策杖图》、倪瓒的《容膝斋图》、吴镇的《渔父图》、范宽的《溪山行旅图》，等等，这样的艺术作品一方面反映了古人天人合一的理念，另一方面也显示了个体的渺小。

为了保持和谐的局面，人们尽量压抑自己的真实想法和情绪。研究者发现，在中国这样的集体主义文化相对较盛的地方离婚率较低（Talhelm et al.，2014)，原因在于集体主义导致人们更倾向于维系家庭内的和谐，同时离婚也是一件失面子的事。为了不给其他人带来困扰和麻烦，人们甚至在身体健康领域也会压抑自己。北京协和医院麻醉科副主任赵晶教授是协和疼痛门诊的创建

---

① 〔美〕孙隆基. 中国文化的深层结构[M]. 桂林：广西师范大学出版社，2014，第328页.

者,她指出,强效镇痛药在美国的人均使用量大大超过中国,原因在于,在中国的传统文化中,对于疼痛有很大的包容性,认为有病的话就应该忍着疼痛,而美国的文化则认为人们有权利接受镇痛治疗,不充分为患者缓解疼痛是不人道的。这种忍耐的文化阻碍了疼痛治疗在中国的发展。[1]

在人际关系中,中国人更是发展出了很多控制冲突的手段,包括尽量巡礼而行,不坚持己见,不一意孤行,宁可选择事后"各做各的"这种阳奉阴违的办法;做自爱、自重的"自我调控",不让别人对自己有挑剔、不满的可能性;对别人间接的提示,敏感地留意、会意,并自动去纠正;压抑对他人的不满,强调相互给面子,以免大家撕破脸,如果想表示不满的话,手法要间接,点到为止,或者引入第三者来调和;即使攻击对方,也采用间接的手法,例如不合作、阳奉阴违、指桑骂槐、借刀杀人、打小报告,等等。

值得注意的是,这种规避或妥协的冲突解决态度,会导致问题无法得到恰当的解决,无法达成双赢的局面,也为以后的冲突再次发生留下了隐患。

清代人李汝珍在《镜花缘》中提到了一个君子国,该国崇尚忠恕之道、"好让不争"。在这部小说里,主人公目睹了一桩买卖,卖货人"以高货讨贱价",觉得自家货物"颇有虚头",买者也坚持认为对方"货高价贱",非但不还价,反而要添价,双方争执不下,只好请路过的老者裁定价格。这个场景无疑反映了传统中国人的向往:即使在陌生的商业关系中,双方依然能彬彬有礼、彼此礼让,而不是争得面红耳赤。

2. 避免直接对抗

"和气生财"是中国人做生意的方法,因此在谈判中不喜欢直接的对抗。相比之下,由于西方人往往把谈判看作竞争性的活动(例如约翰·韦恩式的孤胆英雄喜欢用拔枪对射的方式来定胜负),所以倾向于采取竞争性较强的策略,包括争辩、嘲笑、打断对方谈话、威胁退出谈判、最后通牒,等等。中国谈判者往往把这样的高压政策看作黔驴技穷的表现,"有理不在声高";另外,由于这些手段不顾及对方的脸面,让中国谈判者感觉到自己不受尊重,因此不太习惯。

---

[1] 赵晶.中美的疼痛观[N].经济观察报,2015年12月3日.

马雪征是联想集团前财务总监,2004年她主导了联想收购IBM个人电脑业务的谈判。她在访谈时提到双方的一次过招①:

> 当时是星期五下午,我们在纽约市中心的一个地方谈判。结果在很小的一件事上就谈崩了——其实这是一种谈判手法——然后他们所有的团队全部撤回,要我们立刻离开谈判大楼,他们公开说:我们回去找另外一家谈判。整个礼拜六、礼拜天我们确实处于非常困难的境地。

李元伟曾担任我国国家体育总局篮球运动管理中心主任,他在自传中提到姚明在进入NBA后在赛场上的变化,从中可以看到中美文化对人的影响。2005年9月,中国队在多哈的亚锦赛八强战中,黎巴嫩队员犯规,导致姚明的下巴流了不少血,然而裁判员却置若罔闻。一般情况下,中国队员都会采取隐忍的态度,但是姚明大步走向记录台,愤怒地将因捂着下巴沾满鲜血的大手在记录台上一抹,随即就下场了。姚明的动作给了对手和临场裁判员很大的震撼。从那以后,黎巴嫩队的士气就一泻千里,失去了抵抗意志,最终中国男篮以87:73战胜了对手。李元伟说:

> 我在主席台上见证了这一幕,看到姚明的变化,很感慨。姚明经过几年NBA的锻炼,已经显示出很大的变化,他在某种程度上已经摆脱了传统中国文化的影响,越来越外向,敢于直接表达自己的愤怒和不满,表现出一定的统治力和霸气,更像一个斗士。这是NBA文化的反映,符合现代篮球竞争的需要,也正是这一代中国运动员所欠缺的东西。②

中国谈判者不赞成主动攻击,认为会破坏谈判中的气氛和双方的信任,当遇到对方挑衅时,中国谈判者为了符合君子的形象,推崇用太极招数轻松化解,达到以柔克刚、让对方休战的目的。有一则广为流传但难以确定真假的故事,提到

---

① http://cfo.icxo.com/htmlnews/2005/07/08/629010.htm
② 李元伟. 李元伟篮坛风云路[M]. 北京:中国书店出版社,2010,第130页.

美国代表团访华时,曾有一名官员当着众人的面说:"中国人很喜欢低着头走路,而我们美国人却总是抬着头走路。"这样的话很有挑衅意味,大家都很紧张,不知道该怎样应对,却见周总理不慌不忙地说:"这并不奇怪。因为我们中国人喜欢走上坡路,而你们美国人喜欢走下坡路。"周总理的解读既回击了对方,又不动声色、富有哲理和幽默感,不是硬碰硬,没有伤害关系,是中国传统价值观的体现。当然也不排除在中国谈判者居于弱势的时候,虽然受到对方的挑衅,但只能采取规避的方式,"退一步海阔天空""小不忍则乱大谋",借此韬光养晦这样的情况。

3. 关注面子

"面子"是"中国精神的纲领"(鲁迅语),以及"面子、命运和人情,是支配中国人心理与行为的女神"(林语堂语)。虽然谈判是一项包含冲突的活动,但也涉及合作性的人际互动,因此面子仍然很重要。中国谈判者认为,双方之间应互相给面子,保持尊重的态度。

如果对方能顾及己方的面子,中国谈判者往往会感到很高兴。1979年邓小平以副总理的身份访美,但美方特意提高了接待的规格,采用了国家元首级的标准来进行。这一举动让中方感觉到了善意:

> 从事外交礼宾工作的唐龙彬敏感地注意到美方接待规格的微妙之处。这一次,美方不仅打破惯例,派高级官员专程到阿拉斯加迎接,在抵达华盛顿时,又临时提高接待规格,改由蒙代尔副总统前往迎接。在邓小平后来到外地的参观访问中,除了伍德科克、礼宾司长杜贝大使全程陪同以外,另有总统贸易谈判特别顾问、3名重要内阁部长、数名参众议员分段分城市陪同访问,"这是美方经过一番精心研究后安排的"。冀朝铸对此次访美的回忆也印证了这一点,"这说明美国方面对中国的情况非常了解",他微笑着说。[①]

同时,当谈判者居于劣势时,出于防卫心理,往往对自己是否受到尊重格外

---

① 李菁. 1979,美国的邓小平旋风 [J]. 三联生活周刊,第511期.

注意。在中美知识产权的某场谈判中,双方约定早上9点开始,但以李森智为首的美国代表团10点多才在中方的督促之下到达谈判现场,让中方代表团在众多媒体的注视之下等候了1个多小时。尽管美方此举可能是作为一种策略而使用的,意图让中方三鼓而竭,但中国代表团感觉受到了很大的侮辱[①],以至于当天的谈判不欢而散。

中国谈判者关注面子的特征也常常为西方谈判者所用。在一本西方谈判教材中,作者指出,和中国人谈判宜当面进行,而不宜书信来往,因为他们唯恐扫了对方的面子,一般不愿直接拒绝。

4. "冷静、克制"与"不卑不亢"

情绪评价理论(affect valuation theory)认为,文化在"理想情绪"(ideal affect)的界定上存在差异,例如,情绪的效价、唤起程度可能依文化的不同而不同。研究者分析了基督教和佛教的经文(如福音书和《法华经》),以及流行的自助类书籍(如《幸福的艺术》等),发现与中国香港人相比,美国人更倾向于认为高唤起的情绪(如兴奋)优于低唤起的情绪(如冷静)(Tsai et al., 2007b)。除此之外,研究者还考察了中美儿童的畅销故事书,发现与中国台湾相比,美国学龄前儿童喜欢的故事中包含了唤起度更高的情绪状态,例如同是一个玩水的故事,美国版故事强调主角跳到泳池时溅起水花、在草地上奔跑,而中国台湾版故事中的主角则是在泳池里漂着、在草地上慢走,这样的社会化方式也影响了儿童对情绪的偏好(Tsai et al., 2007a)。以上研究均表明,中国文化比较喜欢低唤起的情绪,就像"喜怒哀乐之未发谓之中,发而皆中节谓之和""不以物喜,不以己悲",可以说其代表了中国人对情绪的看法。

具体到谈判和冲突上,中国人强调"以道家来修身",在情绪上倾向于保持中立,更多的是"宠辱不惊"式的谨慎、克制。我们常常在新闻媒体中听到,当遭遇某一重大国际冲突时,外交部发言人一般都会首先提到,"我们呼吁各方保持冷静、克制"。在谈判中,人们也往往比较赞赏冷静、理性的态度(Kopelman and Rosette, 2008),强调要"泰山崩于前而不变色""胸有惊雷而面若平湖",把发

---

① 吴海民. 大国的较量:中美知识产权谈判纪实[M]. 武汉:长江文艺出版社,2009,第121页.

火、拍桌子看作修养不够、色厉内荏的表现。前面提到的周恩来的故事,就是一个例子。吴海民还这样记述了复关谈判代表佟志广在谈判中的表现①:

> 他(佟志广)的烟斗在谈判中具有一种神奇的作用。他用左手优雅地擎着烟斗,不紧不慢地喷云吐雾,以吸烟的节奏调节着讲话的节奏。在谈判最为紧张的时刻,烟斗使他显得从容镇定。这种从容镇定的神态,无形中形成一股压倒一切的气势,令谈判对手禁不住心头阵阵发慌。……在谈判中,双方争执起来禁不住拍桌子瞪眼睛的情况也是常有的,美国人习惯于拍桌子,或者用圆珠笔敲桌子,而佟志广则是敲他的烟斗。敲烟斗比拍桌子要文明得多含蓄得多——"我不过是弹弹烟灰嘛"。

保持冷静的目的仍然是维护人际和谐,以免伤到对方的面子。联合国前秘书长潘基文上任后,曾经被西方媒体起了一个"特氟龙"的绰号,原因在于他总是笑脸迎人,语气柔和。他曾经为自己解释道:

> (大喊大叫)能坚定立场,但大喊大叫不能解决任何问题。……我不希望让任何人在公开场合尴尬。这种方式有时被西方媒体或西方国家所误解,仿佛我对独裁者或作恶者没有采取任何行动。但事实并非如此。这纯粹是误解。在台下对话时,我对他们的态度是鲜明的。②

可以看出,东亚文化普遍倾向于采用温和的人际交往方式,消极情绪的表达通常不符合社会规范("伸手不打笑脸人"),这容易被西方人理解为软弱。

中国谈判者还崇尚另外一种特质,即"不卑不亢"。在指导中国人进行谈判的通俗读物中,常常会用到这个词。首先,不卑不亢是冷静的表现;其次,不卑不亢还暗指在自己不确定的情境下,或者强敌当前时,应该尽量隐藏缺点、以静制动、蓄势待发,即使己方不占优势,也不能形之于色,须显示出举重若轻、成竹在

---

① 吴海民. 大国的较量:中美知识产权谈判纪实[M]. 武汉:长江文艺出版社,2009,第30—31页.
② 〔美〕汤姆·普雷特. 对话潘基文[M]. 史国强,潘佳宁译. 北京:现代出版社,2013,第97页.

胸的姿态,让对方摸不到虚实,例如三十六计中的"空城计"。

5. 关系取向

在谈判中,中国人对个人关系的重视往往超出了战术范围。受到集体主义的影响,中国人具有强烈的关系取向。即使在谈判这样包含着竞争和合作因素的活动中,中国谈判者仍然受到关系取向的支配。费孝通认为中国是一个"熟人社会",这导致中国谈判者有时喜欢和熟人做生意,在寻找国外合作伙伴时也寄希望于第三人居中引荐,对陌生人("圈外人")则抱有怀疑的态度。在谈判时,看重对方表现出来的诚意,认为信任是谈判成功的基础。一旦与对方建立了良好的关系,中国谈判者总希望能够长期保持下去。例如,在外交谈判中,许多外国人与中国结下了不解之缘和深厚友谊,被视作"中国人民的老朋友",如在中美建交谈判中发挥过重大作用的美国前国务卿基辛格等。由于基辛格为中美建交贡献颇多,对中美关系的理念也与中国颇为一致,中国政府给予了他相当的尊重和礼遇,舆论的评价也较为正面。基辛格于2009年10月来访,温家宝总理在中南海紫光阁特意执伞相送。

《南方周末》曾检索了1949年至2010年的《人民日报》,发现过去六十余年间,共有601人被称为"中国人民的老朋友",如基辛格、希拉克、斯诺等,这些人均在中国外交上对中国予以协助[①],尤其是在中国面临外交困境的时刻。这说明,中国人的关系取向有工具化的一面。

在中美官员之间的关系上,基辛格回忆道:

> 3个月后,我第二次去中国时,周恩来欢迎我们的态度就好像两国的友谊已经根深蒂固了一样。他说:"说起来这只是第二次会谈,但是我把自己所想的都对你们讲了。……你们可能认为中国共产党有三头六臂吧?但是,瞧,我和你们一样,是个可以与之理论并坦承交谈的人。"……1973年2月,毛泽东也说了同样的话。他把我迎进他书房时说,美国和中国曾经是敌

---

① 方可成.谁是"中国人民的老朋友?"[N].南方周末,2011-3-3.

人,现在我们之间算是朋友。①

这种策略明显是与中华人民共和国成立初期外交中的弱势地位息息相关的。由于意识形态的差异,当时中国的同侪屈指可数,所以纵横捭阖是必要的,需要"团结一切可以团结的力量"。因此,西方的谈判指南在分析中国人谈判风格的时候,经常告诫读者要小心"老朋友策略"(old friends approach),认为一旦你被中国谈判者冠以老朋友的称号,常常就会忘记自己的利益。

中国人愿意为了对友谊忠贞的名声而付出代价,例如,尼克松辞职后,毛泽东仍然邀请他访华。之后尼克松的女儿和女婿来华访问的时候,毛泽东向他们表达了对尼克松境遇的同情。

关系取向决定了在商业交往和人际交往中,中国人会关注对手的"人品"。俗话说,"先做人,后做事""三分做事,七分做人""友谊第一,生意第二""生意不成仁义在",等等,无不强调了建立关系和信任的重要性。

在2005年的电梯类平面媒体市场上,框架传媒的董事长谭智带领公司完成了一件在业界看来"不可能完成的任务",即在短短几个月内整合了同行业的七家运营商,使得整合后的"新框架"的市场占有率超过90%,避免了价格上的恶性竞争。业界的观察者普遍认为,谭智作为框架的董事长,策划、主导并具体实施了这些谈判,在这场整合中居功至伟。加盟公司的负责人认为,谭智本人让他们感觉到他在阅历、能力、信誉以及做人方面是值得信任的。其中一家参与整合的公司的负责人这样谈道:

> 第一次见面,谭总给我的印象是虽然他年纪不轻了,却是长得很有气质的人,一定有很好的素质和修养,然后与他接触后发现他待人很真诚,非常真诚,也就是从这一次之后,我才开始关注谭总这个人的背景。我们也开始向一些朋友打听,谭智到底是一个什么样的人,因为要把整个公司放到一个未知的合作模式中去运营,就像把自己的孩子放出去一样,我们总要负责任一些。我们打听到的情况是,谭总是一个很有能力、很有信用的人,口碑非

---

① 〔美〕亨利·基辛格. 论中国[M]. 胡利平等译. 北京:中信出版社,2012,第239页.

常好。这样我们就比较放心了,在做任何事情时,合作方的人品是很重要的。而且第一次见面谭总展示出的真诚也被认可。①

另外一个人也有类似的评论:

> 谭先生本人是一个很随和的人,是一个很会和人打交道的人。在这整个过程中,他花了大量的精力来做人的工作。要知道,人的工作是最难做的。以前大家都是彼此竞争的敌人,有些人互相之间都不讲话,要把他们放到一起共同去做一件事,这种沟通的难度可想而知,但是谭智先生"轻轻松松地"做到了这件事情。②

即使是在国际关系中,人际关系的重要性也不能忽视。我国第八任外交部部长唐家璇曾在自传中提到他 1998 年访问印尼的经历。他和印尼外长阿拉塔斯会谈结束后,同时走进了卫生间,印尼外长帮他按压水龙头并递擦手的毛巾。唐家璇回忆道:

> 这样的举动在外交界是罕见的。这不仅反映出他对中国的尊重和友好,也显示出他已经发自内心地希望与我建立起个人友谊。在对外交往中,工作中建立和发展起来的真诚的个人友谊往往可以对推进两国友好合作关系产生事半功倍的效果。③

关系取向与之后提到的长期取向也是有关系的。中国人相信,即使在目前的交易中损失了利益,既然双方之间的关系是长期的,之后双方也可以做必要的调整,最终达到一种比较平衡的状态。

总结起来,个体主义与集体主义是在谈判的跨文化研究中常被提及的维度。从动机取向或双重关注模型的角度看,研究者普遍发现,持个体主义的谈判者

---

① 胥英杰,李平. 智弈[M]. 北京:清华大学出版社,2008,第 59 页.
② 同上书,第 94 页.
③ 唐家璇. 劲风煦雨[M]. 北京:世界知识出版社,2009,第 81 页.

(如美国、英国、荷兰)更在乎个人利益,而集体主义谈判者(如中国、日本)在关注利益的时候也在乎关系。前者在处理冲突时更直接,喜欢通过竞争和整合的方式,而集体主义文化下更喜欢采用间接的方式以维持和谐、避免对峙(Bazerman et al.,2000)。从情绪的角度看,Brett(2001)发现,战略性地运用愤怒在个体主义文化里更常见,原因在于集体主义文化中的和谐价值观和对面子的关注限制了人们在谈判中流露情绪。

(二) 高权力距离

权力距离是指一个社会中的人群对权力分配不平这一事实的接受程度。有些国家,例如中国、日本等属于等级主义文化的国家,而北欧国家多属于平等主义文化的国家。权力距离的形成受到多种因素的影响,例如历史、地理纬度、经济发展程度,等等。对于中国而言,从历史上看,在思想上占据统治地位的儒家一直对秩序极为重视。以儒家所倡导的五伦为例,"父子有亲,君臣有义,夫妇有别,长幼有序,朋友有信",五伦指出了社会中最重要的五种人际关系,而其中前四种都存在地位差异。大多数朝代强调以孝治天下,而孝道则与高权力距离一脉相承。另外,在传统中国社会中,一元式的政治势力渗透并主宰了各种不同的社会场所,这些都导致了人们对权力的敏感。

基辛格指出,中国从未长期地与另一国在平等的基础上交往过,这与大多数西方国家形成了鲜明对比。原因很简单,中国从未遇到过与中国文化类似或者能与中国匹敌的国家,这加强了中国的中心论,即中国是世界的核心,其他国家应臣服于中国。中国皇帝君临天下被视为自然法则,体现了天命。① 因此,个体欲想达到目的,必须了解在高权力距离社会中人们的心态和权力的运作,采取相应的应对策略。

1. 对权力高度敏感

中国谈判者对权力有着较高的敏感度。部分原因在于,权力是社会结构中

---

① 〔美〕亨利·基辛格. 论中国[M]. 胡利平等译. 北京:中信出版社,2012,第13页.

的一个重要变量,而中国文化对情境又较为敏感,讲究顺势而动。《战国策》里说,"夫权藉者,万物之率也;而时势者,百事之长也。故无权藉,倍时势,而能成事者寡矣",又有俗语说"识时务者为俊杰",因此,当谈判出现权力差异时,往往会影响谈判者的行为和谈判结果。

在等级文化中,人们在谈判中更看重谈判者的角色(Kamins et al.,1998)。许多西方的谈判教材都指出,与中国人谈判一定要弄明白对方的职位并以职位相称,美国式的"Just call me John"("就叫我约翰好了")是行不通的。即使在宴席上,也要注意座位的排定,通常须以职位为基本原则,如有政府官员参加,官员在座位上则要给予高于企业人员的优先权。在与国外公司进行重要的合资谈判时,中方常常认为目前的外方代表无法代表最终意见,需要双方的最高负责人见面后才能定夺;当双方谈判时,宜事先协商通气,保证双方派出的谈判代表等级相当;当谈判濒于破裂时,公司总裁出面往往可以化解僵局。

出于对权力的先天敏感,中国人在很多看似平等的谈判上也会体会出权力的不平等。例如,在买方和卖方的谈判中,中国人常认为买方的地位更高(Faure,1999),卖方需要迎合买方。研究者通过模拟的谈判发现,在中国台湾,买方比卖方的收益更高,而收益常常是权力的体现(Graham et al.,1994)。

2. 权力对冲突和谈判策略的影响

权力会影响人们面对冲突的反应和谈判中使用的策略。网络上有一个流行的段子,调侃了各国员工在被上司人身攻击后的不同反应,美国员工立即叫来自己的律师,英国员工则微笑着报警,俄罗斯员工会还击,同属东亚文化的日本员工恭敬接受,中国员工则是上网怒吼。可以看出,在日本和中国这样的等级主义文化中,人们更注重地位和权威观念,轻易不会挑战地位比自己高的人。《周易》里提到,"自下讼上,患至掇也",又有俗语说,"穷不与富斗,民不同官闹"。因此,在与上级的冲突中,下属更有可能诉诸对方的同情心,而不会采用理性诉求的方式。同时,人们很少会直接对峙,主导的反应是忍让,更多的是暂时规避和哑忍,通过迂回的方式去沟通,或者阳奉阴违,再或者请第三方来协调矛盾(Leung,1997;黄光国,2004)。相比之下,在平等主义文化中,冲突的当事人可能更愿意打破地位的界限来提出要求。

研究者指出,等级主义和平等主义文化的谈判者会以不同的方式使用影响策略(influence tactics)。首先,当权力不确定时,来自平等主义文化的谈判者更少谈到权力,而来自等级主义的谈判者更多地使用基于权力的策略,例如,提到对自己有利的权势人物。其次,在平等主义文化中,权力是暂时的、有条件的;而在等级主义文化中,权力是长期稳定不变的。前文中所提到的 BATNA 更符合平等主义文化中权力的概念,原因在于 BATNA 是有条件的、灵活的,谈判者可以加以调整、改进。基于职位的权力(position power)则与等级主义文化中权力的概念非常符合,基于地位的影响力会长期在各种条件下存在(Brett,2005)。Brett 进一步用实例来解释等级主义文化对待地位和权力的看法。在 20 世纪 60 年代,日本的几大汽车企业尝试开始进入美国市场,他们采用了低价销售的策略,原因在于,他们认为日本企业作为"客人",地位低于美国汽车公司,所以应谋取较低的利润。

在中国这样的高权力距离的国家,权力还意味着对政府关系的重视,尤其是在合资企业谈判中。对于外国公司来说,在与中国公司合作时,常常需要当地政府协助牵线搭桥,或者需要和政府就开办条件等进行谈判,因此与政府建立良好的关系往往是必需的,特别是在改革开放初期。通用电气中国首席执行官孙礼达曾声称他 65% 的时间都花在政府官员和国有企业领导身上,在这中间,当然也有实质性的谈判和交易活动,但至少 10% 的时间是纯粹为了建立关系,用以加深彼此的信任和理解(Fernandez and Underwood,2006)。建立政府关系并不意味着一定需要行贿。只是对于发展中的中国而言,法规还不够清晰,解释空间较大,良好的政府关系有助于跨国公司获得对自己有利的政策解释。

(三) 长期取向

时间取向(time orientation)是指某种文化或亚文化看待时间的方式。Hofstede(1980)在研究价值观的民族差异时发现,中国和某些东亚国家文化有着较强的长期取向,表现为关注长期目标,愿意从一段较长的时间来看待问题。中国文化中有许多类似"卧薪尝胆""愚公移山""精卫填海"的故事,其中的主人公无不是通过长期坚持努力或者忍辱负重后才获得成功的。

在冲突和谈判中,长期取向至少有两重意义。首先,是对和谐的重视和对冲突的规避。原因在于在长期关系中,"抬头不见低头见",发生冲突会让双方之后的相处变得困难,这使得"和"必然是彼此默认的法则。其次,可以解释人们的规避态度,人们相信一时的吃亏可以在之后被纠正和平衡过来。"欲速,则不达;见小利,则大事不成""放长线、钓大鱼",类似的说法都意味着在长期关系中,谈判者应该不要太计较眼前的得失,以便之后可以获得更大的利益。有一则流传已久的故事,记录了两个僧人寒山与拾得之间的对话。

> 寒山问拾得:"世间有人谤我,欺我,辱我,笑我,轻我,贱我,骗我,如何处置乎?"拾得答曰:"只要忍他,让他,避他,由他,耐他,敬他,不要理他,再过几年,你且看他。"

从这则对话可以看出,在遇到冲突时,人们赞赏忍耐、躲避、以礼相待,不主张直接对抗,但他们潜意识里也认为,只要假以时日,挑起冲突和做出侮辱行为的一方会受到惩戒。

当遭遇来自不同文化的谈判者时,长期取向也能成为一种策略。基辛格曾经提道:

> 中国领导人经常表现出的一个文化特点是,他们是从历史角度考虑问题的。他们有能力,当然也有这个必要,比西方人想得更长远。一个中国领导人取得的成就相对于中国的社会历史显得不那么重要,这点不同于世界上任何其他领袖。中国的历史之悠久,规模之宏大,使中国领导人能用中国几乎永无尽头的历史让谈判对手油然产生一种谦恭之心。(哪怕以后回忆时,谈判对手才意识到,所谓历史有时候只是一个比喻。)外国的谈判对手会因此而觉得自己是在违背自然,自己的行动注定只会在中国滚滚的历史长河中留下一条逆流而动、微不足道的痕迹。[①]

---

① 〔美〕亨利·基辛格. 论中国[M]. 胡利平等译. 北京:中信出版社,2012,第240页.

此外,长期取向也意味着谈判者有更多的耐心,愿意承受更多的谈判回合,也许会使用"车轮战"来应对对方。

(四) 高语境的沟通方式

不同文化在沟通方式上存在差异。最显著的差异之一便是 Hall(1976)所提出的高语境沟通和低语境沟通,它是指在沟通时,人们是否会使用明确的语言来传达信息。

建筑是文化的重要表象,沟通方式的差异甚至在建筑中也可窥见一斑。陈从周是我国著名的建筑学家和园林艺术家。他提出,中国园林妙在含蓄,一山一石耐人寻味。又说,鱼要隐现方妙,熊猫馆以竹林引胜,渐入佳境,游者反多增趣味。美学家朱良志引古诗为例,如"曲径通幽处,禅房花木深""庭院深深深几许,杨柳堆烟,帘幕无重数",以说明曲折在中国艺术上有很高的地位。我们去游览中国园林的时候,也会留意到月亮门、竹窗、蜿蜒的小路,留意到"瘦""透""露"的假山,留意到变幻曲折的空间。苏州拙政园甚至还有一景叫作"柳荫路曲"。朱良志指出,曲是中国古代的造园原则之一。钱泳在《履园丛话》中说:"造园如作文,必使曲折有法。"清刘凤浩在《个园记》中则提到,"曲廊邃宇,周以虚栏,敞以层楼,叠石为小山,通泉为平地,绿萝袅烟而依回,嘉树翳晴而蓊匌,阎爽伸靓,各极其致"。曲曲的小径、斗折萦回的回廊、起伏腾挪的云墙、婉转绵延的溪流,表现了一种层层推进的妙处。

朱良志进一步总结:

> 曲折是我们这个重内蕴的东方民族的重要审美观念。我们常常说中华民族的特性中有这样的特征,说话委婉,重视内蕴,强调含忍,看重言外的意味。象外之象、味外之味才是人们追求的目标。说白了,说明了,就不美。美如雾里看花,美在味外之味,美的体验应是一种悠长的回味,美的表现应该是一种表面上并不声张的创造。[①]

---

① 朱良志. 曲院风荷[M]. 合肥:安徽教育出版社,2010,第 58 页。

同时，曲折也是传统和现代审美观念之间的重大差异，传统的观念偏向于一个"藏"字，而现代观念偏向于一个"露"字。可以看出，"藏"和"露"就是高语境文化与低语境文化在沟通上的一个重大差异。

在低语境的文化中，人们喜欢直接、坦率地表达自己的想法和感情，不需要上下文就可以理解。沟通风格是以自我为中心的，强调自己的体会、意见、看法和要求，因此他们的表达有时会让高语境文化的个体觉得咄咄逼人。美国、北欧各国等就属于这样的文化。

中国、日本、法国等国家属于高语境的文化。在这样的文化中，人们在沟通时大多比较隐讳，说话比较含蓄，"话里有话"，对方需要从字里行间来推敲其真正的含义。沟通中的语言本身往往是不完全的，对信息的传达和解读必须要仰赖情境。而且人们比较注重非语言沟通，喜欢通过非语言的线索给对方暗示，例如佛祖拈花的故事。这种文化中的人也不喜欢直接的讨论和争辩，宁愿通过沉默等方式表达自己的不满。

Brett(2005)提到了一个例子，描述了高语境文化下应如何处理冲突。一家美国公司获得了一份德国买家的合同，向该美国公司购买中国产的自行车。没料到，这些自行车的质量并不过关，出现了嘎嘎作响的问题。美国买家知道德国顾客必然不会接受质量这样的货物，然而他们又深知无法直接对中国工厂言明，因此美方经理来到中国工厂，不动声色地问中方是否听到了噪音。中方经理立刻领会了美方的意思，纠正了质量问题。在这个案例中，美方并没有与中方经理直接对峙，而是通过隐晦的方式表达了意见，保留了中方的面子，也达到了自己的目的。

在中国这样高情境的文化中，人们往往很看重听出"弦外之音"的悟性，认为是"心有灵犀一点通"。在跨文化沟通中，人们有可能会高估来自低情境文化的对手的领悟能力。在1972年尼克松访华前，中国政府频频释放友好的信号，但是由于太微妙，难以被美方破译。基辛格在接受节目主持人杨澜访谈时提到这样一个细节：

> 基辛格：中国人常常过高地估计了我们的敏锐，而我们又常常过高地估计了中国人注重实效的能力。举个例子说，1970年10月，也有可能是1969

年,毛泽东带着埃德加·斯诺一起站在了接见台上。

杨澜:是天安门吧。

基辛格:是的。毛泽东觉得这一举动其实是在向美国发出改善两国关系的信号,我们对此也有所意识,但是当时我们觉得埃德加·斯诺对中国的共产党太过友好了,因此并没把它太当回事。我们还以为这纯粹是中国在搞宣传呢,根本就没怎么注意他。其实这是中国方面所做出的非常微妙的举动,可惜我们当时没能理解。

与毛泽东相反的是,尼克松则对《时代周刊》直接表达了希望到中国去的愿望。基辛格评价道:"如果说毛拿的是一把轻剑,尼克松却举着个大锤来传达他自己的信号。"[①]

受高语境文化影响的谈判者,在谈判中会表现出对间接沟通的偏爱,很少直接表明底线或者提供信息,而是采用分享间接信息的方法,包括在谈话中经常"含而不露",互相试探,旁敲侧击,提出一系列提议和反提议,或者通过一揽子出价的办法探知对方的信息。谈判者对对方的信任程度往往较低,认为即使提问,对方也不会给予诚实的回答。与此相比,低语境文化下的谈判者更多采取直接沟通的方式,习惯"把牌都亮在桌子上",直接表述自己的立场和对谈判事项的偏好程度,双方轮流提出自己的问题并回答对方的问题(Graham and Lam, 2003)。研究者发现,德国人比中国香港、日本谈判者都更乐意于直接共享信息。

高情境文化还导致谈判中的沉默时间较多,同时中国文化也强调要慎言,"巧言乱德"。而且,在谈判中的沉默往往是有意义的,"此处无声胜有声",对手可能是在思考或沉吟,或者是表示对当前协议的不满,但碍于面子不想直接反对,或者仅仅是一种战术。来自低情境文化的谈判者对此往往无法正确解读。谈判中的空白常令美国谈判者感到窘迫,这导致他们或者让步,或者不断地发言(易泄露信息)来填补空白。

间接沟通的产生除了受到文化的影响,还源于中国企业对谈判规则、国际环境、行业状况等信息的了解常常比谈判对手少,因此在谈判中采取守势,尽量不

---

① 李菁. 基辛格的"波罗行动"[J]. 三联生活周刊,2009 年第 1 期总第 511 期.

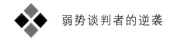

泄露自己的信息,以增加获胜的机会。

沟通方式和个体主义与集体主义密切相关。个体主义的谈判者在沟通信息时也更直接,采用劝说、辩论、举证、威胁等方式来交流,而集体主义谈判者交流起来更为间接隐晦,可能采取试图引起对方同情的办法等(Adair, Okumura, and Brett, 2001; Brett, 2001)。

总的来说,中国文化的特征(集体主义、高权力距离、长期取向、高语境)导致谈判者在谈判中较为关注表面上的和谐,注意维护对方的面子,尽量不采取直接对抗的方法,不喜欢情绪化的处理方式。

二、中国人的谈判观

受到文化、历史等因素的影响,中国人对于谈判呈现出一些独特的看法。

(一) 从谈判的图式来看

图式(schema)是指个体对某个概念(人物、角色、事件等)有组织的知识和经验的结构(Fiske and Taylor, 1991)。图式理论认为,人们往往会采用以往形成的图式来认识某个事物。图式可以帮助人们迅速地进行信息加工,补充不完整的信息,并对未来做出预期。图式可以对人们的行动起到指导作用。中国人对谈判的图式具有以下特征。

1. 谈判是"高大上"的

negotiate(谈判)这个英文词是由大戏剧家莎士比亚根据拉丁语 negotiari(做生意、做买卖)变化而来的。他第一次在戏剧《无事生非》中使用了这个词,剧中人说,"让恋人用自己的眼睛去传达情意"(Let every eye negotiate for itself),negotiate 这时主要是传达、代表的意思。在莎士比亚的另一部戏剧《第十二夜》中,剧中人说:"你的主人是要求你来和我的脸进行谈判吗?"(Have you any commission from your lord to negotiate with my face?),此时,negotiate 就带有商谈、接洽的含义。当中国人提到谈判的时候,更多的是指国家之间的外交谈判、政治谈判、跨国企业之间的交易谈判,等等,我们会想到国共谈判、入世谈判、联合国气候谈判,但很少会把"谈判"用到日常生活中去。可见,英文中谈判的本义与中国人所理解的有所差异。

2. 谈判是伤和气的

在笔者的一次调查中,MBA 学生被要求写出对"谈判"一词的联想。结果发现,出现频率最高的是"西装革履、正襟危坐、明争暗斗、针锋相对、尔虞我诈、唇枪舌剑",等等。从谈判这两个汉字来看,"谈"字从言,"判"字从刀,表明谈判中有语言的交锋和利益的争斗,因此紧张气氛必不可免,人们不喜欢谈判也是很自然的。

一个例子可以说明人们对谈判的看法。2009 年,姚明收购了连年亏损的上海男篮。刘炜是上海男篮的主力,更是姚明的好友,本期待与姚明本人进行私下的商谈,以决定续约等事项,然而姚明却指派其商业规划团队姚之队与所有队员谈判。刘炜对此很不理解,甚至考虑要转会,他说:

> 我在上海 9.6 万元一年的工资拿过,20 万元的工资拿过,30 万元的工资也拿过,就去年有了点好转,拿了 96 万元。大姚要是跟我说:我今年运作资金有困难,兄弟你帮我一把。只要他说这句话,我刘炜二话不说,一定帮他。但他用这种处理方式让我(跟)他的经纪人(谈)。我很为难。说我光为了钱,我是那种人吗?

而刘炜的经纪人、姚明的发小沙伊峰也说:

> 我跟刘炜说,你跟大姚讲清楚,我不介入,陆浩(姚明的中方经纪人)不

介入,你们兄弟谈。要是我介入,陆浩也介入,这个事情就变成商业谈判,商业谈判有时候是要伤感情的,商业谈判是要通过商业手段来达成商业目的的。①

国家体育总局篮球运动管理中心前主任、中国职业篮球赛的推动者李元伟对这个事件则是这么评价的:

> 姚明在这次购买俱乐部的过程中,在对李秋平、刘炜的关系处理上表现出了高度的职业智慧,我赞成他的做法。事实上,这也是我曾经担心的地方。不夸张地说,如何处理这个昔日的"情分",在中国传统的人情世故中是有难度的;但对这个问题的处理将决定上海俱乐部的未来,也是从朋友到老板身份转变的"分水岭"。好在姚明处理得果断、得体。我相信他在内心也有过挣扎。……姚明只是延续了商场的通常做法,由职业经理人去谈,老板不插手,一句"生意是生意,朋友归朋友"就择清了老板和雇员的关系,杜绝了球队里的特殊角色,要撕破这个脸皮是很不容易的。②

从图式的角度来看,对于中国人来说,谈判的目的是追求自我利益,这与人际关系或友谊的图式是背道而驰的,人们难免不适应。

(二) 谈判目标:"和"还是"赢"?

研究者用动机取向(motivational orientation)来表征谈判者在谈判中的目标(Deutsch, 1982; Kelley and Thibaut, 1978)。动机取向可以分为亲社会型(prosocial)和自利型(proself)。如果持有亲社会型或称合作性(cooperative)动机,那么谈判者的目的便是最大化自己的利益,同时也最大化对方的利益;如果

---

① http://sports.sina.com.cn/zl/basketball/blog/2014-03-04/1221/1548464785/5c4bb2910102ehm0.shtml
② 李元伟. 李元伟篮坛风云路[M]. 北京:中国书店出版社,2010,第237页.

持有利己型或称个体化(individualistic)动机,谈判者的目的便是最大化自己的利益(De Dreu and Lange, 1995; Pruitt, 1998)。研究发现,持有亲社会动机的谈判者常采用合作策略,如妥协、信息交换等,而利己型的谈判者倾向于使用竞争策略,如坚守立场、拉锯战等。另外,与亲社会型相比,利己型的谈判者做出的让步较少(De Dreu and Lange, 1995)。

根据一项对谈判的比喻的研究,美国人将谈判看作体育比赛,赢是最终目的,冲撞、进攻则是手段;而日本人把谈判看作一场家庭聚会,家庭成员坐在一起讨论问题,履行各自的责任,家庭和睦很重要(Gelfand and McCusker, 2002)。然而,中国人的谈判目标究竟是追求"和"还是"赢",一直是一个难以定论的迷思。国外的谈判研究者往往从文化价值观的角度出发,主张由于中国人受到集体主义文化的影响,因此在谈判中也追求双赢(Palich et al., 2002),而不是美国式的竞争导向。实际上,中国人的谈判观中固然有"和"的一面,但"赢"的成分也不可忽视,二者是里与表的关系,"和"为表,"赢"为里。以"和"的角度看,"和"在谈判中具有多重含义。

1. 人际和谐

"和"既是"礼"的目标,更是"礼"的表象。受到关系取向的影响,人们对于冲突性的活动本能地抱有一种规避的心理;当不得不涉入谈判时,仍然希望能维持表面上的和谐,抱有"伸手不打笑脸人"的观念。也正因为如此,中国谈判者重视谈判的礼节,反对挑衅性的谈判策略。

2. "和"的工具性

"和"还具有工具理性的意义。第一,在目标冲突的情境下,强调和谐可以消解对方的心理防线,赢得发展的机会。中国在外交领域一直坚持"和平发展、互利共赢"的方针,蕴含着在国家实力较弱时韬光养晦、和平崛起的含义。第二,在某些情境下,强调共赢不失为一种间接提升自己利益的手段。在中国与西方的商务谈判中,由于中方在信息、实力等各个方面都居于劣势,因此往往只有双赢的解决方案才能被对方接受,而且双赢的解决方案也能在一定程度上保证自己的利益,所以算是一种现实选择。

3. 和与赢:权变的观点

"双赢"有一定的适用范围,其中一个权变因素是谈判对手与自己的关系。社会学家费孝通(1998)曾讨论过人际交往的模式,将西方社会定义为"团体格局"的文化,而中国社会为"差序格局"的文化,意思是中国人往往按照与自己关系距离的远近将他人分为圈内人和圈外人,对待圈内人和圈外人需要采用不同的法则。针对圈内人,"和"往往是不二法则,这不仅仅是表面上的一团和气,还意味着在利益上的妥协和忍让。而对待圈外人时,国外的谈判专家指出,不要误以为中国谈判者秉承"和为贵"就不会痛下杀手,中国谈判者往往把与跨国公司之间的谈判看作"零和博弈",在早期,甚至还将跨国公司看作"八国联军",认为跨国公司不仅会损害中国的利益,而且还带来了精神污染,因此在谈判中绝不会手软,也不惜使用种种策略来博取利益。

黄光国(2004)分析了华人社会中的冲突化解模式,发现中国人对待纵向内团体、横向内团体和横向外团体采取了三种不同的方式。对于纵向内团体(即双方存在地位差异,且彼此熟识)的冲突,当事人的目标是阳奉阴违,协调方式是迂回沟通,主导的反应是忍让;对于横向内团体(即双方地位相当,且彼此熟识),目标是明争暗斗,协调方式是直接沟通,主导反应则是妥协;对于横向外团体(即双方地位相当,但彼此陌生),目标是抗争,主要以调解为协调方式,主导反应是断绝关系。

尽管"和"与"赢"从表面上看是对立的,但在中国谈判者的心目中又能自然而然地被统一在一起,共同指导谈判实践。

第三章　权力在谈判中的影响

在本章中,我们采用模拟谈判的方式,来考察权力在分配式谈判和整合式谈判中的影响。

一、权　　力

(一) 权力的定义

在社会心理学中,权力被定义为一个人(甲方)影响另外一个人(乙方)的能力,这种影响使得乙方做在其他情况下不可能做的事情。该定义的含义主要有两点,第一,权力是一种能力或潜力,是潜在的,甲方可以拥有权力但并不运用权力,无须通过确实发生来证实其有效性;第二,依赖关系,乙方对甲方的依赖关系越强,则在他们的关系中甲方的权力就越大。权力依赖理论(power dependence theory;Emerson,1962)认为,行动者之间的互相依赖提供了彼此权力关系的结构基础。在行动者 A 和 B 之间的交换关系中,随着 A 能够为 B 提供的利益的增多,B 对 A 的依赖也会提高;随着 B 获得这些利益的渠道的增多,B 对 A 的依赖会下降。A 对 B 的权力来源于 B 对 A 的依赖,反之亦然。A 和 B 之间不平等的依赖关系导致了双方权力的不平等,对对方依赖较少的行动者便拥有了权力优势。权力依赖理论强调了结构性潜在权力(由行动者的依赖关系所决定)和行为上的权力运用之间的区别,提出了二者之间的因果关系,即依赖关系导致了权力的运用。

(二) 谈判中的权力

权力所涉及的依赖关系可能来源于多个方面。French and Raven(1959)指出,按照基础来划分,权力大致有 6 种,分别为法定权力、惩罚权力、奖励权力、参照权力、专家权力和信息权力。这些权力在谈判中均有可能出现。

在谈判中,权力的来源有很多种,如备选方案、BATNA、职位,甚至性别等。BATNA 所蕴含的权力是权力在谈判中的一种特殊表现形式。谈判者的 BATNA 越好,表明其越可能离开当前谈判,因此权力就越大。本书将借鉴 BATNA 方面的有关研究结果。

另外,谈判中的性别研究也能为权力研究提供借鉴。Thompson(2001)指出,如果说职位等因素属于主要地位特征,性别(以及年龄等因素)便属于次要地位特征,这样的特征虽然没有被正式规定,但仍能影响资源的分配或者互动的规范。就两性而言,在人们的刻板印象中,一般认为男性比女性有更大的权力(Fiske,1993;Stuhlmacher and Walters,1999)。男性常常被看作专家和领导者,女性则作为下属。许多研究证实了这一点,例如,在 20 世纪 70 年代进行的关于电视广告的研究中,70% 的男性以专家的形象出现,而 86% 的女性则扮演使用者(McArthur and Resko,1975)。因此,在男女之间展开的谈判中,双方知觉到的权力很有可能存在着差异。

在以往研究中,研究者较多关注的权力类型往往来自 BATNA 或者备选方案。但是,这些研究并不能充分揭示不均衡谈判的过程和结果。原因在于,首先,若干研究发现,谈判某一方具有 BATNA,但其对手并不了解这种 BATNA 的存在,即并不能感知到双方权力的差异,因此,BATNA 的存在仅仅激励了其持有者,而对另一方却没有直接影响。Pinkley et al. (1994)的研究即是一个代表性的例子。在其研究中,对双方的BATNA进行了操纵(高、低、无),制造了高/高、高/低、高/无等九种谈判组合,试图发现这种权力不均衡对谈判的联合收益的影响。然而,由于双方都不了解对方的BATNA情况,因此不能感知到彼此的权力是有差异的,因此九个谈判组合之间的联合收益并没有出现显著差异。其次,在对不均衡谈判的研究中,如果使用BATNA制造权力差异,即使让对方了解到BATNA的存在,BATNA自身对持有者的激励作用也将干扰对权力影响的考察。

(三) 主观权力/知觉到的权力

从权力的定义中可以看出,权力是潜在的,因此权力的强弱在一定程度上取决于行动者的感知。除去客观的因素,例如物质资源等,双方对自己和对手所拥有的权力的估计常常是有偏差的。一个例子是,19世纪末,中日之间发生了甲午战争。若从国力、军力来说,中国胜于日本,据史料记载,当时中国的年产值是日本的10倍之多。但由于以李鸿章为首的官员认为,北洋水师的实力远不如日本的军舰(即知觉到的权力较差),夸大了己方的劣势,因此,清政府面临战争时,一味想依靠西方列强调停,不去进行战争的准备,反而挪用军款,致使北洋水师全军覆灭。故在权力研究中,对知觉到的权力的考察显得格外重要。

Kim et al. (2005)在其理论性文章中提出,知觉到的权力对于谈判研究有重大意义,客观权力必须通过知觉到的权力才能影响到权力运用和权力改变的策略,进而最后影响谈判的结果(即实现了的权力)。在谈判中,即使在客观上有权力上的不对等,但如果谈判者主观上并没有感知到的话,权力就未必会影响谈判结果。在有关BATNA的研究中,由于研究范式一般是,让谈判的双方拥有不同程度的BATNA,但是谈判者不知道对方是否有BATNA或者BATNA的具体内容,这样就导致BATNA只能对其持有者起到激励作用,而对谈判对手没有影响。因此,研究者强调,如果双方都不了解对方的BATNA情况,无法感知到彼此的权力是有差异的,那么这样以BATNA进行的权力操纵就无法达到预期效果(Pinkley, Neale, and Bennett, 1994)。以往的研究已经发现,知觉到的相对权力差异能够影响谈判的整合性(Wolfe and McGinn, 2005)。在谈判双方客观权力相同的情况下(实验操纵了经理和职员两个角色),双方知觉到的权力差异越大,谈判的整合性越小。

研究知觉到的权力的另外一个意义在于,由于不均衡谈判中涉及的权力基础多种多样,包括BATNA、地位,等等,而知觉到的权力的测量可以量化这些客观权力,因此提供了各项研究之间对话的可能。对于前文提到的性别研究,也可以引入知觉到的权力的概念,进一步探究两性之间知觉到的权力的差异的影响。

鉴于以上分析,本书将在随后的研究中引入知觉到的权力或主观权力的概念。需要指出的是,在下文中,知觉到的权力指的是谈判者知觉到的己方的权力。

二、权力对谈判的影响

关于权力对谈判的影响,以往的研究者已经进行了一些有益的探索。但总体来说,研究仍然不是很多。作为一种重要的情境因素,权力能够影响谈判的价值索取(value claiming)和价值创造(value creating),前者是价值在谈判双方间的分配,通常用谈判双方的个体收益来衡量,后者指谈判双赢的程度,通常用谈判小组的联合收益(即双方的个体收益之和)来衡量。我们首先探讨权力对价值索取的影响,然后分析其对价值创造的影响,最后考虑权力的影响过程。

(一) 谈判者的个体收益

不均衡谈判的一个关键问题在于,谈判者的个体收益是完全取决于还是部分取决于自己拥有的权力。表面上看,结论是毋庸置疑的,权力能在很大程度上影响到收益,若干实证也验证了这一点。McAlister, Bazerman, and Fader(1986)的研究表明,在渠道谈判中,权力较大的谈判者能够获得比权力较小者更高的利润率。Sondak and Bazerman(1991)模拟了劳动力市场的情形,发现当求职者的工作选择较多时,求职者在与招聘者的谈判中能够获得较好的结果。在Pinkley(1995)的研究中,作者发现,当双方都知道某一方具有BATNA(即双方都能感知到权力的差异)时,有BATNA的那一方能获得更大的边际收益的提高。其中一个原因在于,BATNA的存在能够改变权力的分配,从而让其拥有者在谈判中获益。Graham, Mintu, and Rodgers(1994)发现,在谈判中买方的平均收益比卖方的收益显著要高,这个结果在七个国家或地区都得到了支持。Graham等人认为,原因在于角色作为一种情境变量,影响到谈判者采取何种策略和行为。例如,在某些国家(如日本),出于文化传统,卖方在权力上处于劣势,常常服从买方的偏好和需要,这种倾向会自然地反映在谈判行为和结果上。性别方面的元分析(Stuhlmacher and Walters, 1999)也表明,即使是在考虑了沟通方式等调节变量之后,男性在谈判中的收益也比女性略多。

一个例外是,Schelling(1960)分析了讨价还价现象,认为如果弱者能够发出可信的威胁,例如,破釜沉舟以表达己方决不后退的决心,那么势弱的一方通常能够成为强者。这表明,即使在分配式谈判中,弱者也有突破权力限制的空间。

(二) 联合收益

在以往的研究中,权力对谈判整合性的影响是研究的主流。研究者关注当谈判双方的权力有差异时,整合性是提高还是降低。这方面的结果比较复杂。大部分研究者认为,不均衡谈判的整合性会降低。例如,在McAlister et al.(1986)的研究中,他们发现,比起权力不均衡(买方和卖方的权力不同)的谈判小组,权力均衡(买方和卖方的权力相同)的谈判小组能够达成整合性更高的谈判协议。Weingart et al.(1990)也发现,当谈判双方的权力不均衡时,不容易达成高整合性的协议。Wolfe and McGinn(2005)认为,当双方知觉到的权力的差异提高时,谈判协议的整合性会下降。但是,也有研究者认为,不均衡谈判的整合性会提高。例如,Roloff and Dailey(1987)的研究即发现了这一点,Sondak and Bazerman(1991)也发现在不均衡情况下,谈判协议的质量提高了。Kray et al.(2004)则认为,不均衡谈判的整合性不能一概而论。他们的研究可以充分说明该问题。研究者通过两个实验,检查了在混合性别的谈判中,性别刻板印象被激活后对谈判协议的影响。结果发现,当谈判有效性被认为与男性特征(理性、决断、自始至终主张个人利益)相关时,结果就更偏向于权力较大的谈判者;而当有效性与女性特征(表达、倾听、关注对方的感情)相关时,谈判结果更具有整合性。

本书认为,以往研究之所以就不均衡谈判的整合性存在争议,原因在于不均衡谈判有促进整合性的积极因素,也有增强分配性的消极因素。如果积极因素发挥了较大的作用,不均衡谈判的整合性会提高,否则谈判的整合性会下降。只有通过对这两方面因素的考察,才能更清楚地了解整合性的成因。

消极因素　　在不均衡谈判中,一方面,当双方的力量不均衡时,权力较大的一方容易发生威胁行为,因此常常导致冲突升级。由于按照权力来确定结果对强势方是有利的,因此强势方将坚持使用权力战略而不是利益战略。Ury, Brett, and Goldberg(1993)认为,谈判中的战略(strategy)[①]可以分为三类,即利益战略、权力战略和权利战略。利益战略是指谈判双方按照各自的需要,进行合理的利益互换,扩大协议的空间,并实现双赢。按照利益来解决问题,有助于双方明确自己利益的重点,双方都可以从冲突中获益。权力战略是指按照双方权力的大小来确定收益,例如,在战后,战胜国往往获得较大的利益。权利战略是指根据一些独立、合法、公平的标准来确定哪一方是正确的。权利可以来源于法律,也可以来源于社会公认的准则,例如平等、互惠、资历等。一般来说,权利都不是清晰的,有的模糊不清,甚至自相矛盾,争执的双方有时很难在权利上达成共识。谈判常常是利益、权利和权力三种因素的混合。人们究竟使用何种战略取决于许多因素,例如,谈判的结构、是否有时间压力、谈判者个人的偏好、文化特征、谈判者彼时的情绪,等等。

---

① 一般认为,策略(tactics,有时也译作战术)是战略(strategy)的细化,战略在理论框架上的层次高于策略,但是,在谈判领域,这两者经常是不加区分的,本书大多数情况下使用策略一词,但有时为了遵从英文原文,也使用战略一词。

然而,研究者认为,如果按照交易成本、结果满意度、关系影响度等指标来划分,利益战略比其他两类战略耗费的成本较低,结果满意度更高,对未来的关系更为有利,即更为有效(Ury et al.,1993)。这是因为,谈判者在谈判中既要索取价值,即与对方进行艰难的讨价还价,同时还要创造价值,即达成双赢的协议。获得双赢的关键在于双方进行了充分的信息交换,了解对方的重要性和有限性排序,从而能够进行利益互换,达到双方利益的最大化,即帕累托最优。因此,如果双方仅仅基于权力的大小来"分饼"而不是"把饼做大",就无法实现充分的互换,达不到帕累托最优。

通过对谈判收益表的分析(见附录1-2)可以更清楚地看到这一点。如果谈判仅仅按照权力来分配,并假设在极端的情况下,人事经理能够在所有事项上获得对自己最优惠的条件,即如表3-1的选择,则人事经理可以获得9 200点,申请人获得1 200点,谈判的联合收益为10 400点。

表3-1 基于权力的谈判

事项	选项	申请人 点数	人事经理 点数
奖金	2%	0	1 600
工作地点	无锡	1 200	1 200
工作部门	销售部	0	4 000
报到日期	9月1日	0	2 400
个体收益		**1 200**	**9 200**
联合收益		**10 400**	

但是,如果双方能够克服权力的影响,关注彼此的利益和共同点,而不是强调根据权力分配的话,就有可能达成如表3-2所示的协议。在这个协议中,由于"报到日期"是分配性事项,假设人事经理仍然能够获得对其最有利的解决方案,即9月1日,则其个体收益为7 600点,申请人的收益为5 200点,那么,联合收益可以达到12 800点,比表3-1的协议提高了2 400点。这表明,如果基于利益进

行互换,双方可以改进协议的帕累托状况。况且,在实际生活中,如果要按照表3-1中的极端情况来确定合同,双方也就没有谈判的必要了。即使双方的谈判结果确实如表3-1所示,弱者也必将产生不公平感,从而伤害谈判双方的长期利益。例如,在本例中,申请人在进入公司后,由于对工作合同不满,工作绩效便有可能下降,这对公司反而不利。

表 3-2 基于利益的谈判

事项	选项	申请人 点数	人事经理 点数
奖金	10%	4 000	0
工作地点	无锡	1 200	1 200
工作部门	销售部	0	4 000
报到日期	9月1日	0	2 400
个体收益		5 200	7 600
联合收益		12 800	

可以看出,在不均衡谈判中,由于强势方倾向于使用过多的竞争性甚至胁迫性的谈判策略(Lawler and Bacharach,1987;De Dreu,1995),这会妨碍双方的信息交流和信任感建立,因而最终达成的协议整合性较低。

积极因素 由于权力不均衡,弱势方更有可能付出更多的努力去增进谈判的整合性,比如更积极地提出整合性的方案等,因为只有通过这种途径,弱势方才能获得更多的利益。

Kim(1997)发现,在多方参与的谈判中,如果将权力较小的谈判者在某个阶段排除在外,那么那些谈判的整合性就将下降。Larson(2003)对气候变化谈判进行了考察。气候变化谈判涉及类似全球变暖导致海平面上升这样的问题,因此需要各国以及各利益团体进行充分协商,是一个复杂的多方谈判。在谈判中,像马尔代夫和瓦努阿图这样的低地国家或小岛国家,由于政治、经济和技术实力均有限,在国际政策制定体系中处于边缘地位,因此,相对于美国等大国来说,低地国家和小岛国家在气候变化谈判中居于劣势。作者对这些国家的行为进行了分析。研究表明,在复杂的多方冲突中,权力较小的小岛国家比美国等大国更多地提出弹性的选择方案,从而促进了冲突的解决。

值得注意的是,尽管在 BATNA 领域产生过数量很多的研究,但是这些研究并不能有效地揭示不均衡谈判的过程和结果。原因在于:

首先,正如前面所提到的,该领域大多数研究的特点在于,谈判某一方具有 BATNA,但其对手并不了解这种 BATNA 的存在,即并不能感知到双方权力的差异,因此,BATNA 的存在仅仅激励了其持有者(强势方),而对另一方(弱势方)没有直接影响。Pinkley et al. (1994)的研究即是一个有代表性的例子。在其研究中,对双方的 BATNA 进行了操纵(高、低、无),制造了高/高、高/低、高/无等九种谈判组合,试图发现这种权力不均衡对谈判的联合收益的影响。然而,由于双方都不了解对方的 BATNA 情况,因此不能感知到彼此的权力是有差异的,故九个谈判组合之间的联合收益并没有出现显著差异。

其次,在不均衡谈判的研究中,如果使用 BATNA 制造权力差异,并且让对方了解到 BATNA 的存在,BATNA 自身的激励作用也将干扰对权力影响的考察。具体来说,BATNA 能够促进持有者更积极地参与谈判,包括向对方询问有关事项有限性的信息、提出整合性方案,等等,以获得超越 BATNA 的谈判结果。这种努力使得 BATNA 持有人对谈判对手的依赖性增加,从而在一定程度上抵消了双方的权力差异。

从上面的分析可以看出,以往的研究大多认为,就整合性而言,关键是取决于弱势方是否能够付出积极的努力去扩大利益空间。如果弱势方能够使用某些策略(例如沟通与分享信息)来创造价值,而不是回应对方的威胁,谈判的整合性就会增强。

(三) 谈判过程

目前在不均衡谈判方面的研究焦点是谈判的结果。但是近年来,已经有少数研究开始涉及谈判的过程。例如,De Dreu(1995)考察了惩罚权力和让步行为之间的关系,发现当一方谈判者发出的威胁越多时,另一方的出价就越低,该结果验证了威慑理论(deterrence theory, Lawler and Bacharach, 1987; Lawler, Ford, and Blegen, 1988)。

在 De Dreu and Van Kleef(2004)的研究中,作者考察了弱势谈判者的动机。担任弱势一方的被试被要求写下在谈判中希望向对方提出的问题,结果发现,权力较小的谈判者在谈判中提出了更多的诊断性问题,这些问题可以让谈判者更准确地了解对方的信息,并能给对方留下更好的印象。

权力也影响着谈判者的情绪。研究者发现,高权力者表现出较多的积极情绪,并且在小组讨论中更愿意去表达自己的看法(Berdahl and Martorana, 2006)。另外,Anderson and Thompson(2004)发现,与权力较小者相比,权力较大一方的情绪对谈判有着更大的影响,如果其情绪属于比较积极的状态,那么就能够促进双方的信任,从而提高谈判的整合性。

(四) 对以往文献的总结

从以上研究现状的总结可以看出,大多数研究证实,权力大小能在很大程度上决定个体收益,并且权力的不均衡将导致整合性的降低。然而,以往的研究并未探讨权力如何影响收益,且没有将权力与谈判其他领域的研究结合起来,例如,目标对谈判结果的影响,谈判策略对谈判结果的影响,等等。本研究将试图考察权力的影响路径,具体来说,考察权力是否通过目标等因素来发挥作用。另外,以往的研究较少考虑谈判双方权力的不同影响。在已有的研究中,Anderson and Thompson(2004)指出,权力较大的谈判者的情绪更能够影响对方的信任感,从而影响谈判的整合性。张志学、王敏和韩玉兰(2006)发现,在有关奖金的分配式谈判中,权力较大的人事经理的第一次出价对收益有着更大的影响。并且,如果第一次出价是由申请人提出的,那么人事经理的第一次出价能够解释收益的 31%,而申请人的第一次出价能解释 11.2%;但如果是人事经理先出价的话,收益就几乎完全受到人事经理方第一次出价的锚定,申请人的出价对收益没有显著影响。均衡谈判中的某些影响过程,在不均衡谈判中可能呈现出不同的情况。对这些差异的研究,将更有助于了解权力的影响过程。本研究也试图补充这方面的研究。

此外,我们还关注弱势谈判者的谈判过程和结果。尽管在现实生活中可以观察到许多以弱胜强的案例,但是,究竟何种因素导致这些谈判者能够摆脱权力的影响,获得较好的收益呢?以往的研究仅仅指出了弱势一方能够通过利益策略来让双方受益,研究是相对匮乏的。如果弱者只能借由利益策略的话,那么,在分配式谈判中,既然缺乏整合性的空间,弱者是否就只能接受较差的收益?也就是说,在整合式谈判中,利益策略是不是弱者唯一的途径?本研究将试图回答这样的问题。

三、研究一　权力在分配式谈判中的影响

研究一的目的是在分配式谈判中考察权力的影响,特别是弱势方如何运用谈判策略来提高自己的收益。

在分配式谈判中,权力首先将影响谈判前双方对自己应得收益的期望值。强势方的期望值将高于弱势方。其次,较大的权力往往意味着较高的第一次出价、较多的胁迫、较少的妥协,从而导致较高的个体收益。对于弱势方而言,如果试图改变权力的后果,那么在谈判中将相对忽视权力的作用,表现为采取竞争策略,包括第一次出价较高,对强势方不轻易退让,胁迫对方,等等。但是,这样的做法也可能使谈判容易破裂。

（一）理论与假设

1. 权力对个体收益的影响

（1）期望收益

本研究首先假定，当进入谈判时，双方对于彼此将获得的收益存在差异，即双方均默认权力将影响个体收益。

可以借鉴性别领域的研究。研究者发现，男性和女性在个体应得权益（personal entitlement）上存在着差异（Major，1993）。个体应得权益是指人们相信自己应该从工作或关系中得到的好处。研究发现，由于男性被认为比女性更有权力（Fiske，1993），因此对于相同的贡献，男性比女性希望得到更多的好处，即个体应得权益更高。因此，个体应得权益的性别差异来源于权力的差异。当权力较大时，人们倾向于认为自己应该获得更多，即使并未有更多的付出。权力较小的人则更倾向于与其他同属弱者的人比较收益，而不是与强者相比。在谈判中，由于双方权力的不平等，谈判者在谈判前就存在着先入为主的想法，认为权力决定着最终的收益，因此在确定期望收益时，权力已经开始发挥作用。

因此，本研究有如下假设：

假设1：在谈判前，谈判双方均认为，强势方应该获取比弱势方更多的收益。

（2）竞争策略

在分配式谈判中，竞争策略包含较高的第一次出价、胁迫对方、尽量不妥协等行为。由于此时对竞争策略的考察是角色间的比较，因此，只考虑第一次出价、胁迫行为和妥协行为，不考虑对于立场信息的表达（弱势方特有的策略）。

第一次出价 当双方进入谈判时，权力首先影响了第一次出价。如果强势方的应得收益较大,那么强势方的首要表现就是用较高的出价来锚定对方,以表明自己的优势地位,尽量不让步。对弱势方来说,经过对双方形势的理智判断后,更有可能屈从于权力,第一次出价相对来说不那么高。权力对第一次出价的影响是通过期望收益来达成的。张志学等(2006)已经发现,谈判者设定的目标越高,他们的第一次出价就越高。第一次出价是目标的可见的表达。因此,当强势方的期望收益较高时,第一次出价必然也较极端,因此假设如下:

假设 2a:在谈判中,强势方的第一次出价比弱势方更为极端。

胁迫和妥协的行为 在谈判中,双方的策略也不一致。强势方由于权力较大,因此更多地表现出与自己的权力相匹配的行为。Johnson(1976,1978)考察了两性之间对于权力的运用,也发现男性更喜欢使用直接权力(例如强迫、威胁)。根据目标理论(Mento et al.,1987),高的期望收益除了影响第一次出价,还能够让谈判者付出更多的努力,在谈判中可能表现为采取竞争策略。

特别是,对于弱势方来说,根据威胁理论(Lawler et al.,1988),在遇到强势对手的时候,谈判者会屈从于对方的权力,表现为妥协和退让,希望能够以弱势地位赢得对方的同情。Smith, Pruitt, and Carnevale(1982)和Pruitt and Syna(1985)将这种反应称为不匹配(mismatching),即当对方强势时,谈判者便会退让,相反,如果对方表现软弱,谈判者便会得寸进尺。在不均衡谈判中,由于强势方频频发出威胁,弱势方在压力之下不可避免地会做出让步。这一点已为 De Dreu(1995)所证实。因此,在以上研究的基础上,本研究有如下假设:

假设 2b:在谈判中,强势方比弱势方更多表现出胁迫行为。
假设 2c:在谈判中,强势方比弱势方更少表现出妥协行为。

(3) 个体收益

期望的收益将影响到谈判结果。许多研究已经证明,作为一种激励,期望价格能够使个体获得较高的收益(Brett, Pinkley, and Jackofsky, 1996; Neale and Bazerman, 1985; Huber and Neale, 1987; Northcraft and Neale, 1987;

McAlister et al., 1986;张志学等,2006)。

在谈判研究中,谈判者的第一次出价是谈判结果的良好预测变量,第一次出价与谈判收益的相关系数有时甚至高达 0.85(Galinsky and Mussweiler, 2001)。原因在于,第一次出价能够对谈判对手起到锚定的作用(Tversky and Kahneman, 1974)。在谈判中,由于双方的信息不对称,第一次出价往往被对方看成了一种线索或启发式思考(heuristics),以此来推断另一方的立场。如果某一方的第一次出价较高,对方就倾向于认为其底线较高或者有充分的理由来叫高价。张志学等(2006)已证明,谈判者的第一次出价在期望目标和最后收益之间起到了中介作用。

因此,如果强势方在谈判中抛出了较高的第一次出价,利用该价格锚定对方,那么谈判结果将更有利于自己。

假设 3:强势方的谈判收益将高于弱势方。

(4) 权力的影响过程

从上面的论述可以看出,在谈判前和谈判中,权力的影响过程存在着这样的逻辑,即角色(客观权力的差异)首先影响谈判者的期望收益,然后影响谈判者使用的竞争策略,包括第一次出价、胁迫和妥协行为,最后影响到谈判者的收益,即有如下关系:

假设 4a:与强势方相比,弱势方的期望收益较低,第一次出价因此较低,导致个体收益较低。

假设 4b:与强势方相比,弱势方的期望收益较低,在谈判中的胁迫行为因此较少,导致个体收益较低。

假设 4c:与强势方相比,弱势方的期望收益较低,在谈判中的妥协行为因此较多,导致个体收益较低。

从图 3-1 中可以看出,与强势方相比,由于弱势方的期望收益较低,导致其使用较少的竞争策略,致使最终受益较差。弱势方表现出来的行为是与其权力大小相匹配的。如果弱势方不太注重权力的影响,或者对权力的知觉较弱,那么按照图1的预测,其第一次出价将比较极端,并且在谈判中的竞争行为较多,妥协行为较少,这样的行为是与其角色不相吻合的,因此强势方有可能对此不满,更容易招致谈判的破裂。而对于强势方来说,由于拥有权力,无须进行印象管理,因此,即使表现出较多的竞争策略,也是与其权力相吻合的,弱势方也对此有共识,不会过于反感对方的行为。

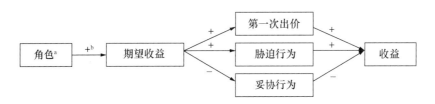

图 3-1　权力对收益的影响过程

注:a 0=强势方,1=弱势方。
　　b "+"表示正向关系,"-"表示负向关系。

在两性的行为方式上也可以看出这一点,由于女性的社会权力小于男性,因此人们总希望女性表现得柔弱、顺从。英国前首相撒切尔夫人乐于为丈夫做饭等轶事常常被人们津津乐道,部分原因在于人们希望在女性(哪怕是"女强人")身上看到比较"女性化"的一面;同时,希望男性表现得勇敢、有担当。性别方面的研究表明,在两性关系中,与双方平等的或男性占主导的婚姻关系相比,两性对女性占据主导地位的婚姻关系都相对表示不满意(Gray-little and Burks, 1983)。Filsinger and Thomas(1988)对若干对情侣的语言交流进行了记录,并且在以后的 5 年中与之保持联系。在实验室中,研究者观察了女方是否会打断男方讲话。结果发现,在女性打断男性讲话的情侣中,大约有 80%分手了;而没有分手的情侣中,那些女性打断男性讲话的情侣对自己的关系更感到不满意。这表明,如果权力较小的弱势方表现出了过多与自己权力不符的行为,将会破坏关系的满意度,并且可能导致关系破裂。

因此,本研究假设,如果弱势方使用了较多的竞争策略,表现为第一次出价较高、态度过于强硬、不肯妥协和让步、太咄咄逼人等,那么谈判更有可能破裂。

假设 5a：对于强势方来说，第一次出价的高低不会影响到谈判的破裂，但弱势方的第一次出价越高，谈判越有可能破裂。

假设 5b：对于强势方来说，胁迫行为的多少不会影响到谈判的破裂，但弱势方的胁迫行为越多，谈判越有可能破裂。

假设 5c：对于强势方来说，妥协行为的多少不会影响到谈判的破裂，但弱势方的妥协行为越少，谈判越有可能破裂。

2. 期望收益对弱势方收益的影响

正如上文所提到的，谈判者对于谈判收益的期望发挥着目标导向的作用，能够影响谈判者在谈判过程中努力的多少，如是否在谈判艰难时继续坚持不让步、采取各种方式来影响对手、运用各种谈判策略等，继而影响收益。因此，对于弱势方，有如下假设：

假设 6：弱势方对于谈判的期望收益越高，其个体收益越高。

3. 竞争策略对弱势方收益的影响

对于弱者来说，一方面，使用竞争策略意味着谈判有可能破裂，另一方面，如果能够突破权力的限制，适度使用竞争策略，也将提高自己的收益。正如前文所述，分配式谈判没有共赢的空间，双方必须要展开利益的争夺，因此，如果能够采用某些策略，包括在第一次出价时适当拔高出价以锚定对方、提供立场性信息、威胁对方、表现出强硬的态度、提供事实和证据来说服对方，等等，便可以影响对方对己方的权力判断，对方可能因此做出一定的让步。

因此，本研究假设，如果弱者使用竞争策略，也能够在一定程度上提高自己的收益。为了方便起见，本研究在这里将胁迫行为和强调立场信息合成为竞争(contending)行为。因此，竞争策略包括第一次出价、竞争行为和妥协行为三个部分(更多信息可参见附录 3-1)，本研究假设，竞争策略(较高的第一次出价、较多的竞争行为和较少的妥协行为)能够促进弱者的收益。

假设 7a:在谈判中,如果弱势方的第一次出价较高,个体收益将较高。
假设 7b:在谈判中,如果弱势方表现出较多的竞争行为,个体收益将较高。
假设 7c:在谈判中,如果弱势方表现出较少的妥协行为,个体收益将较高。

假设 6 已经提到,期望收益能够影响个体收益。本研究假设,期望收益是通过以上竞争策略来影响最终收益的。

假设 8:弱势方的期望收益越高,第一次出价将越高,同时表现出较多的竞争行为,妥协较少,导致个体收益较高;竞争策略(第一次出价、竞争行为和妥协行为)在期望收益和个体收益之间起到了中介作用。

(二)研究方法

1. 被试信息报告

本研究的参加者为商学院学习"组织行为学"课程的 MBA 学生,共有 266 人,组成 133 组进行谈判。由于本谈判并未要求参加者一定要达成协议,因此,出现了 33 组谈判者没有达成协议的情况,占 25%,另外 100 组达成了协议。在所有的参加者中,男性为 206 人,占 84%,女性为 38 人,占 16%,缺失数据 22 条。在随后的分析中,发现性别没有对结果造成显著性差异,因此,性别的影响将不予报告。谈判者被问及了谈判经验,被要求在 1(比较丰富)到 5(几乎没有任何经验)间选择。申请人和人事经理的谈判经验分别为 $3.36(SD=1.09)$ 和 $3.15(SD=0.99)$,$F(1\,250)=2.577, p>0.1$,表明两种角色的谈判经验没有显著差异。

2. 谈判任务

本研究采用模拟谈判的形式。模拟谈判练习改编自 Galinsky and Mussweiler(2001)的奖金谈判,该练习为单事项的分配式谈判。谈判情境描述了某商学院的 MBA 学生和某咨询公司的人事经理之间的谈判。一般信息包括:该 MBA 学生获得了咨询公司分析师职位的录用通知,其工资、福利、休假日期等各项条件都已经谈妥,双方仅需要就每年的奖金数进行谈判。另外,在咨询界,以往这个职位所获得的最高奖金数为 30 万元。人事经理被告知,在任何情况下,议定的奖金都不能超过 20 万元,最低为 5 万元。具体的谈判材料可参见附录 3-2。

3. 操纵

对权力的操纵 本研究将使用法定权力(legitimate power)来探讨不均衡谈判。法定权力是指施加影响者拥有提出要求的权力和权威。[①] 具体而言,在本研究所使用的模拟谈判中,谈判双方分别为公司的人事经理和打算加入这家公司的工作申请人,由于人事经理在公司内的级别高于申请人,而且在一定程度上决定着申请人日后的职业生涯发展,因此可以认为人事经理的法定权力在客观上高于工作申请人。

4. 过程

在模拟谈判开始前,研究者随机分配人事经理或者申请人的角色。在活动开始后,参加者在 15 分钟到 20 分钟之内阅读角色说明,然后回答几个简单的问题。设计这几个问题的目的在于确保每个参加者完全理解了角色材料。之后,要求参加者填写"谈判前准备"问卷。问卷中的问题包括参加者的谈判经验、应得的收益,等等。随后,每个参加者随机选择一名不同角色的参加者作为对手进

[①] 法定权力的含义中有奖励和惩罚权力的内容,但更重要的是,法定权力强调被施加影响者对有权者的地位或其他合法权威本身的尊重。例如,警察拥有法定权力,但相比于没有穿制服的警察,人们往往更加认可身穿制服的警察,因为制服是法定权力的一种标志。

行谈判。在谈判过程中,要求谈判者在"谈判合同书"上填写第一次出价、最终的谈判结果等信息,并签字证明。大约30分钟后,谈判结束,每个参加者填写"谈判后总结",回答有关过程的问题。最后,研究者向参加者讲述本次模拟谈判的实验条件,并就各组的谈判进行讨论和总结。

5. 变量及其测量

本研究涉及以下变量:

角色 用 ROLE 来表示。分为人事经理和工作申请人,分别记作 0,1。

期望收益 用 EST 来表示。被试被要求写下他们对于谈判的估计收益。在"谈判前准备"中测量。

谈判收益 用 OUT 来表示。在"谈判合同书"上,双方需要写下最后议定的奖金数,并签字证明。

失败率 用 IMPASSE 来表示。0 表示谈判成功,1 表示谈判破裂。如果谈判双方未能达成协议,则需要在"谈判合同书"上注明。

竞争策略 包括谈判者的第一次出价、威胁行为/(申请人的)竞争行为和妥协行为。

① **第一次出价** 用 OFFER1 来表示。在"谈判合同书"上,参加者被要求写下各自的第一次出价。

② **胁迫行为** 谈判者在"谈判合同书"上分别在 Libert 5 点量表上对对方在谈判中的胁迫行为进行评定,题目为"对方在谈判中咄咄逼人"。

③ **申请人的竞争行为** 在"谈判后总结"中,申请人需要在 Likert 5 点量表上报告自己所使用的策略。竞争行为包括五道题目,例如"谈判中我常常威胁对方"等(详见附录 3-1)。五道题目的得分相加,总和用来表示使用竞争行为的多少。这五道题目的信度系数(alpha)为 0.63。

④ **妥协行为** 在"谈判后总结"中,参加者在 Likert 5 点量表上报告自己的妥协和退让行为。妥协行为包括两道题目,例如"我做出了较大的让步和妥协"等(详见附录 3-1)。两道题目的得分相加,得出总的妥协行为的多少。这两道题目的信度系数为 0.68。

6. 数据分析方法

本研究使用 SPSS 进行数据分析,方法包括相关分析、ANOVA 分析、回归分析(简单线性回归、分层回归、Binary Logit 回归)等。具体可见结果部分。

(三) 结果

1. 对操纵的检查

对权力操纵的检查 在谈判者阅读角色说明后,就自己在本次谈判中的权力进行了评定。指导语为:

> 谈判者在谈判中拥有的地位、信息、实力、备选方案等综合起来构成了谈判者的权力。假设双方谈判者的权力总和为 100,请用 0—100 间的数字来判断当前谈判中权力的分布:
> 你的权力_____+对方的权力_____=100

对知觉到的权力的检查发现,申请人和人事经理认为自己所拥有的权力具有显著性差异,$M(申请人)=44.70$,$SD=12.80$,$M(人事经理)=68.00$,$SD=8.8$,$F(1\,237)=273.32$,$p<0.01$。对于达成协议的谈判者来说,$M(申请人)=44.20$,$SD=12.43$,$M(人事经理)=67.50$,$SD=8.72$,$F(1\,179)=214.89$,$p<0.01$。这表明,申请人的主观权力显著小于人事经理。因此,利用职位对谈判者的权力进行操纵,是切实有效的。

2. 对研究假设的检查

考虑到本次谈判属于分配式谈判,结果只有一个,因此很难直接比较两种角色的收益。为了解决这一问题,本研究根据角色的谈判区域采用了一种调整做法,例如,对于谈判收益,进行如下调整:(谈判收益−谈判区域中点)/谈判区域,如此得出的调整后收益在考虑了角色的不同谈判区域大小(分别为20万元和15万元)的基础上,可以表示其偏离谈判区域中点的程度。首先,对于申请人一方,其谈判区域为[10—30],谈判区域的中点为20万元,对于其第一次出价,调整后为(第一次出价-20)/20,记作ADJOFFER1,可以表示其偏离谈判区域中点的程度。与此类似,可以得出:

调整后第一次出价 ADJOFFER1=(OFFER1-20)/20

调整后期望收益 ADJEST=(EST-20)/20

调整后收益 ADJOUT=(OUT-20)/20

对于人事经理一方,谈判区域为[5—20],中点为12.5万元,则有:

调整后第一次出价 ADJOFFER1=(12.5-OFFER1)/15

调整后期望收益 ADJEST=(12.5-EST)/15

调整后收益 ADJOUT=(12.5-OUT)/15

在此基础上,可以对双方的收益、出价等进行比较。

(1) 权力对个体收益的影响

对于达成协议的谈判者而言,有如下发现:

谈判前的期望收益(EST) 对于达成协议的谈判者而言,申请人和人事经理的EST分别为M(申请人)=19.16,SD=4.46,M(人事经理)=11.49,SD=2.94。调整后,申请人和人事经理的ADJEST分别为M(申请人)=-0.04,SD=0.22,M(人事经理)=0.07,SD=0.20,$F(1 196)=13.34$,$p<0.01$。假设1获得了证实,即人事经理对自己的期望收益高于申请人对自己的期望收益。

谈判策略(竞争策略) 谈判策略包括较高的第一次出价、较多的竞争行为和较少的妥协。

① **第一次出价(OFFER1)** 对于达成协议的谈判者而言,申请人和人事经理的第一次出价分别为M(申请人)=23.21,SD=6.67,M(人事经理)=7.94,SD=3.46。申请人和人事经理的ADJOFFER分别为M(申请人)=0.16,SD=0.33,M(人事经理)=0.30,SD=0.23,$F(1 190)=12.08$,$p<0.01$。假设2a获得了证实,即人事经理的第一次出价更为极端。

② **胁迫行为** M(申请人)=4.74,SD=1.43,M(人事经理)=5.99,SD=1.54,$F(1 189)=33.93$,$p<0.01$。这表明,人事经理更为咄咄逼人。假设2b得

到证实。

③ **妥协行为** 申请人比人事经理更倾向于认为自己做出了较大的让步和妥协，M(申请人)=6.33，SD=1.52，M(人事经理)=5.05，SD=1.75，$F(1\,191)=29.38$，$p<0.01$。假设2c得到证实。

谈判者实际的让步和妥协 谈判者在谈判中实际的让步可以通过计算第一次出价与最终谈判结果的差异来进行。M(申请人)=9.86，SD=5.84，M(人事经理)=5.46，SD=3.51，$F(1\,188)=39.24$，$p<0.01$。经过对让步进行如前所述的调整，发现 M(申请人)=0.49，SD=0.29，M(人事经理)=0.36，SD=0.23，$F(1\,188)=11.19$，$p<0.001$。这表明，申请人在谈判中的让步大于人事经理的让步。该结果也是对假设2c的佐证。

谈判收益 本次谈判中，谈成的奖金数均值为13.25，SD=3.74；申请人和人事经理的 ADJOUT 分别为 M(申请人)=−0.34，SD=0.19，M(人事经理)=−0.05，SD=0.25，$F(1\,198)=83.99$，$p<0.01$。这表明，谈判结果对人事经理来说更为有利。假设3得到证实。

权力的影响过程 为了验证角色、期望收益、竞争策略(第一次出价、威胁、妥协)和谈判结果之间的关系，我们使用分层回归分析来计算，得出如下结果，见表3-3。

表3-3 权力对谈判收益的影响过程：分层回归分析的结果[a]

预测变量	模型1	模型2	模型3
角色	0.53**	0.44**	0.27**
期望收益(调整后)		0.34**	0.14*
竞争策略			
1. 第一次出价(调整后)			0.15**
2. 胁迫行为			0.28**
3. 妥协行为			−0.32**

(续表)

预测变量	模型 1	模型 2	模型 3
ΔR^2		0.10	0.21
F 的变化	70.66**	30.35**	30.08**
总体模型 R^2	0.28	0.39	0.59
调整后的 R^2	0.28	0.38	0.58
整个模型的 F	70.66**	56.26**	51.53**

注:a 按照变量输入的顺序列出变量;表中上半部分的数值为标准化 Beta 系数。
** $p<0.01$,* $p<0.05$。

从表 3-3 可以看出,期望收益在角色和竞争策略之间起到了部分中介作用,而竞争策略也在期望收益和谈判收益之间起到了部分中介作用,即角色影响了期望收益,然后影响到了谈判者第一次出价的高低、威胁行为和妥协行为的多少,最终导致谈判收益的不同。假设 4a,4b 和 4c 得到证实。

竞争策略对申请人的消极后果

① **第一次出价的影响** 由于谈判失败是分类变量,因此使用 Binary Logit 回归来进行分析。结果发现,只有申请人的第一次出价对失败率有显著影响,B=1.13,S.E=0.59,Wald=3.62,$p<0.05$,Exp(B)=3.08,模型的 chi-square 为 7.49,df=2,$p<0.05$,-2 Log likelihood 为 138.02,Cox & Snell R^2 为 0.06,Nagelkerke R^2 为 0.08;而对于人事经理的第一次出价,Wald=1.76,$p>0.1$。因此,如果申请人出价过高,就更容易导致谈判失败,人事经理的第一次出价则无显著影响。假设 5a 得到证实。如果通过 ANOVA 来分析的话,可以更直观地看到成功组和失败组的行为差异(结果可参见图 3-2)。对于成功组,申请人的调整后第一次出价显著低于人事经理,M(申请人)=0.16,SD=0.33,M(人事经理)=0.30,SD=0.23,$F(1190)=12.08$,$p<0.01$。对于失败组,双方的第一次出价则无显著差别,M(申请人)=0.34,SD=0.43,M(人事经理)=0.19,SD=0.35,$F(164)=2.29$,$p>0.01$。

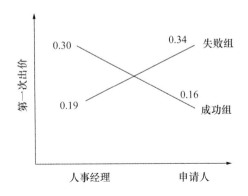

图 3-2 成功组和失败组的(调整后)第一次出价比较

② **胁迫行为的影响** 使用 Logit 回归进行分析,结果发现,只有申请人的胁迫行为对失败率有显著影响,$B=0.77$,$S.E=0.25$,$Wald=9.42$,$p<0.01$,$Exp(B)=2.17$,整个模型的 chi-square 为 10.41,$df=2$,$p<0.01$,$-2\,Log\,likelihood$ 为 124.48,Cox & Snell R^2 为 0.08,Nagelkerke R^2 为 0.12;而对于人事经理的胁迫行为,$Wald=0.09$,$p>0.1$。因此,如果申请人表现出过多的胁迫行为,就更容易导致谈判失败。人事经理的胁迫行为则无显著影响。假设 5b 得到证实。如果直接比较成功组和失败组的谈判行为,可以更清楚地看到这一点。从图 3-3 可以看出,对于人事经理,成功组和失败组的胁迫行为没有显著差异。$M(成功组)=2.97$,$SD=0.96$,$M(失败组)=3.00$,$SD=0.96$,$F(1\,124)=0.02$,$p>0.1$。但对于申请人,成功组的胁迫行为显著少于失败组,$M(成功组)=2.41$,$SD=0.84$,$M(失败组)=3.03$,$SD=1.02$,$F(1\,122)=11.00$,$p<0.01$。

③ **妥协行为的影响** 对于妥协行为的 Logit 分析表明,只有申请人的妥协行为对失败率有显著影响,$B=-0.43$,$S.E=0.14$,$Wald=9.00$,$p<0.01$,$Exp(B)=0.65$,整个模型的 chi-square 为 11.12,$df=2$,$p<0.01$,$-2\,Log\,likelihood$ 为 121.35,Cox & Snell R^2 为 0.09,Nagelkerke R^2 为 0.13;而对于人事经理的妥协行为,$Wald=1.82$,$p>0.1$。申请人的妥协行为对失败率有更大的影响,即申请人妥协行为越少,失败率越高,但人事经理即使坚持立场,很少妥协,也不会导致谈判失败。假设 5c 得到证实。

另外,通过 ANOVA 来比较成功组和失败组的行为发现,对于人事经理,成功组和失败组的妥协行为无显著差异。M(成功组)＝5.05,SD＝1.75,M(失败组)＝4.62,SD＝1.72,F(1 123)＝1.37,$p>0.1$。但对于申请人,成功组的妥协行为显著多于失败组,M(成功组)＝6.33,SD＝1.52,M(失败组)＝5.25,SD＝1.84,F(1 123)＝9.97,$p<0.01$。

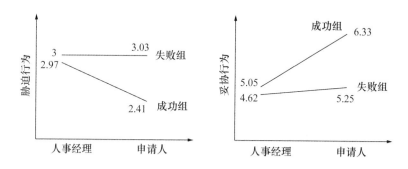

图 3-3　成功组和失败组的胁迫行为/妥协行为比较

(2) 期望收益对弱势方收益的影响

对于申请人而言,期望收益和个体收益的相关为 0.35,$p<0.01$。假设 6 得到证实。这表明,期望收益越高,个体收益越好。

(3) 竞争策略对弱势方的积极影响

第一次出价和申请人个体收益的相关为 0.48,$p<0.01$,竞争策略和个体收益的相关为 0.31,$p<0.01$,妥协行为和个体收益的相关为 -0.27,$p<0.01$。这表明,当申请人的第一次出价较高、竞争行为(包含胁迫和表达立场信息)较多、妥协较少时,均能促进个体收益。假设 7a、7b 和 7c 均得到证实。

如表 3-4 所示,申请人的期望收益和第一次出价的相关为 0.61,$p<0.01$,与竞争行为的相关为 0.05,$p>0.1$,与妥协行为的相关为 0.05,$p>0.1$。这表明,期望收益只影响了第一次出价,但没有影响竞争行为和妥协行为。因此,在考察中介机制时,只考察第一次出价在期望收益和最终收益之间的中介机制,我们使用分层回归分析,结果如表 3-5 所示。

表 3-4　申请人各变量的均值、方差和相关矩阵(仅针对成功组)

		均值	方差	1	2	3
1	竞争策略:第一次出价	23.21	6.66	1		
2	竞争策略:竞争行为	12.43	1.43	0.18	1	
3	竞争策略:妥协行为	6.33	1.52	0.09	−0.01	1
4	个体收益	13.25	3.74	0.48**	0.31**	−0.27**

注:** $p<0.01$,* $p<0.05$。

表 3-5　申请人的期望收益对谈判收益的影响过程:分层回归分析的结果[a]

预测变量	模型 1	模型 2
期望收益	0.35**	0.09
竞争策略:第一次出价		0.43**
ΔR^2		0.12
F 的变化	12.96**	13.55**
总体模型 R^2	0.12	0.24
调整后的 R^2	0.11	0.22
整个模型的 F	12.96**	14.14**

注:a 按照变量输入的顺序列出变量;表中上半部分的数值为标准化 Beta 系数。
** $p<0.01$,* $p<0.05$。

从回归分析的结果可以看出,第一次出价是期望收益和谈判收益之间的完全中介变量。假设 8 假设了期望收益与竞争策略的关系,以及竞争策略的中介作用。从以往结果可以看出,假设 8 得到部分证实,但期望收益与竞争行为/妥协行为的关系并没有被证实。本研究将在下文讨论。

(四) 讨论和总结

1. 结果总结

研究一探讨了权力在分配式谈判中的影响过程,并考察了弱者用来提高收益的竞争策略。首先,由于申请人的权力少于人事经理,因此,申请人在谈判前的期望收益就比较低;在谈判过程中,申请人的第一次出价也比人事经理低,胁迫行为较少,更多地对人事经理妥协,最终导致申请人的谈判结果比人事经理差。其次,如果申请人能够克服权力的束缚,运用竞争策略来与对方一争长短的话,个体收益将得以提高。竞争策略包括较高的第一次出价、较多的竞争行为(如强调立场信息、胁迫对方)以及尽量不退让和妥协。竞争策略(第一次出价)在申请人的期望收益和谈判结果之间起到了中介作用。然而,竞争策略的使用对于申请人也有负面效果。与人事经理相比,申请人使用竞争策略的多少对谈判的成功与否有更大的影响。使用竞争策略较多的申请人,更容易导致谈判破裂。

本研究预期,申请人的期望收益能够影响到竞争策略的使用,并且后者起到中介作用(假设8)。在本研究中,仅有第一次出价起到了这样的作用,而竞争行为和妥协行为都没有这样的结果。值得注意的是,该结果和角色层次上的影响途径(假设4)是有差异的。原因可能在于,人事经理和申请人在期望收益、第一次出价、竞争行为等各个变量上差异比较显著,因此有着上述结果,但就申请人自身而言,影响途径可能有两条,第一条途径是,期望收益影响第一次出价,继而影响谈判收益;第二条途径则是,谈判者在谈判前出于弱势的考虑,并未抱有过高的期望,但进入谈判后,在实际交锋的过程中,根据对谈判形势和谈判对手的判断,采用积极的竞争策略,以此来影响最终收益。因此,期望收益与竞争策略可能并无直接联系。在未来的研究中,需要对该问题进行进一步验证。

2. 理论意义

本研究在三个方面推动了不均衡谈判的研究。第一,关于权力在分配式谈判中的影响过程。过去的研究指出,权力较大的一方在谈判中能够获取较多的收益(McAlister et al., 1986; Sondak and Bazerman, 1991; Pinkley, 1995; Graham et al., 1994),然而,研究者很少去关注这个过程,未考察权力对目标、第一次出价等过程变量的影响。一个值得借鉴的研究是,Adair, Weingart, and Brett(2004)考察了日本和美国谈判者的行为。在他们的模拟谈判中,日本被试和美国被试均与来自本国家的对手进行谈判,两个国家的谈判任务是完全相同的。结果发现,在第一次出价时,扮演卖方的日本谈判者的出价显著低于同样扮演卖方的美国谈判者。原因在于,在日本,卖方的权力小于买方,因此卖方在出价时不会过于极端,但在美国,买方和卖方的权力更为均衡,因此,卖方的出价会高于日本的卖方。尽管 Adair 等人的研究主要针对文化之间的比较,但可以窥见权力对第一次出价的影响。本研究进一步推进了该领域的研究。在本研究中,首先肯定了在分配式情境下,权力能够在很大程度上决定谈判的收益,权力较小的角色(申请人)所获得的收益显著低于人事经理的收益。本研究还考察了权力的影响过程,发现权力首先影响到谈判者的期望收益,期望收益继而影响到谈判者的竞争策略,包括第一次出价的高低、胁迫行为和妥协行为的多少。该结果将权力与目标(期望收益)等的研究联系在一起,丰富了对不均衡谈判结果形成机制的认识,并有利于在日后的研究中更细致地考虑权力对谈判行为的影响。

第二,证实了弱者可以通过竞争策略来改善收益。以往的研究在考察弱者的行为时,大多强调妥协是正确的选择,并未考察弱者的能动作用。例如,Savage, Blair, and Sorenson(1989)指出,在谈判者选择战略时需考虑关系和实体利益孰轻孰重,如果关系的重要性超过实体利益,弱者应该选择信任合作或妥协,而不是直接竞争。Pruitt and Rubin(1986)提出了双重关注模型,也表达了类似的意思。从研究一的结果也可以看出,申请人需要考虑到日后进入公司后与人事经理的关系,因此在谈判中表现出更多的妥协和退让。

一个例外是,Schelling(1960)的理论分析表明,弱者在讨价还价中仍具备相当大的回旋余地,他指出,如果弱势一方能够发出可信的威胁,例如,在即将开始的国际谈判前,弱势的国家先在本国内煽风点火,激起民族情绪,制造来自国内的压力,这样在正式谈判中就可以以此为借口,要挟对方让步,从而反败为胜。

在本研究中,我们以实证分析的结果证实了竞争策略对于弱者个体收益的积极作用。这些策略除了 Schelling 提到的威胁外,还包括在谈判中发出比较极端的第一次出价来锚定对方、表达立场信息(给出证据以支持自己的立场),等等。这表明,在与强者对抗时,弱者并不完全排除直接竞争的手段。该结果在谈判研究领域首次肯定了弱者的能动作用,表明弱者除妥协之外还可能有其他的行为方式。在今后的研究中,需要进一步考察哪些因素决定了弱者在谈判中或积极或消极的选择。

第三,竞争策略对谈判的负面作用。如上文所言,在权力存在差异的情况下,人们对弱者的期望是妥协。正如 Scott(1985)在《弱者的武器》一书中提到的那样,农民对地主和官僚的日常反抗形式是偷懒、装糊涂、开小差、假装顺从、偷盗、诽谤等,而不是起义或革命。也就是说,弱者应避免与强势一方直接对抗。而强者表现出竞争行为则是被双方认可的。婚姻方面的研究表明,与双方平等的或男性占据主导地位的婚姻关系相比,两性对女性占据主导地位的婚姻关系都相对不满意(Gray-little and Burks, 1983)。Filsinger and Thomas(1988)也发现,在情侣的语言互动中,通过观察女方是否会打断男方讲话可以稳定地预测双方对关系的满意度以及他们是否会分手。如果女性较多地打断男性的讲话,则双方对关系更不满意,且双方更容易分手。总体而言,如果权力较小的一方表现出了过多与自己权力不符的行为,将会破坏关系的满意度,并且可能导致关系破裂。

具体到不均衡谈判中,以往的研究已经证实,权力在第一次出价和谈判收益之间起到了调节作用,即强者一方的第一次出价对收益的影响更大(张志学等,2006)。在本研究中,我们发现角色在竞争策略的使用和谈判失败率之间起到了调节作用。对于权力较大的人事经理,竞争策略使用的多少并不能妨碍谈判是否成功,即使第一次出价较高,竞争行为较多,或者很少妥协,这些行为也均能为对方所接受,双方都默认强势方的权力赋予了其实施这些行为的自由,弱势方并不认为这是对己方的冒犯。然而,如果申请人不遵从权力的要求,使用较多的竞争策略,如第一次出价较高,威胁行为较多,退让较少,那么将更容易导致谈判破裂,即使谈判成功,也可能会影响到日后的发展。

该结果一方面体现了竞争策略对弱者的双刃剑效果,补充了上文中竞争策略的研究。另一方面,首次将权力与失败率联系在一起,丰富了该领域的研究。在未来的研究中,还需要考察权力的其他影响机制。

3. 不足之处

本研究所使用的模拟谈判发生在分配式谈判的情境之下,而分配式谈判和整合式谈判有着较大的不同。在分配式谈判中,双方需协商的事项只有一个,利益的总和是固定的,双方的目的都是更多地索取价值,因此,权力的影响过程比较清晰,弱者竞争策略对收益的影响也比较直接可见。但是,在整合式谈判中,由于谈判事项不止一个,谈判任务更加复杂,双方的利益既有对立的一面,也有合作的一面。两种谈判的差异导致了不能简单地将分配式谈判下的结论推广开来,因此,本研究在研究二中将利用整合式谈判来进一步考察权力的影响。

四、研究二 权力在整合式谈判中的影响

研究二将首先考察权力在整合式谈判中的影响过程,其次通过对该过程的考察,来找出对弱势方有效的谈判策略。

在分配式谈判中,权力是通过期望收益来影响谈判策略(第一次出价、威胁行为和妥协行为)进而最终影响收益的;在整合式谈判中,由于有着不同的谈判特点,权力是通过影响动机取向(指在谈判中的目标)来影响收益的,尽管变量不同,但有着类似的机制,即期望收益和动机取向均发挥着目标的导向性作用。

另外,有关弱势方的谈判策略,尽管整合式谈判与分配式谈判有着不同的利润空间,即前者有着共赢的可能,后者却只能"你进我退、你退我进",因此,理论上讲,在整合式谈判中,谈判者能够同时使用竞争策略和利益策略。然而,在整合式谈判中,由于权力的不均衡,谈判者很少能够使用利益策略。如前文所言,Lawler(1992)认为,当双方的权力存在差异时,谈判者都将使用更多的敌意策略,而非怀柔策略。许多研究者(Sondak and Bazerman, 1991; Anderson and Thompson, 2004)也指出,由于权力的不均衡,谈判的分配性成分加强,这也可能导致谈判者更多地诉诸竞争策略而非利益策略。从预研究的结果也可以看出,被试不太容易考虑到整合性方案。因此,在本研究中,将考察弱势方能否通过竞争策略来提高自己的收益。

具体而言,在本研究中,首先,将验证权力对谈判者的动机取向的影响,证明强势方更易采用个体取向(即以最大化自己的利益为谈判目标),弱势方更易采用合作取向。其次,本研究将考察动机取向对谈判结果的影响,由于弱势方过于合作导向,导致了过于妥协,因此不利于自己的收益。再次,考察弱势方用来改善自身收益的谈判策略,发现弱势方仍然能够使用竞争策略来改善收益。最后,研究发现谈判者的一种个体特征——促进性调节焦点也会影响谈判者知觉到的权力和个体取向。

(一) 理论与假设

1. 权力对个体收益的影响过程

在分配式谈判中,谈判双方就一个事项进行协商,不可避免地带有竞争的成分,此时,如果谈判者持有相对较大的权力,就有可能借助于自己的权力,对谈判对手进行施压、威胁等,因此,权力的影响非常明显。在整合式谈判中,谈判的事项由一个增加到了多个,双方的利益不再是简单的对立,而是也包含了合作、双赢的成分,在这种情况下,权力不均衡所带来的影响便相对复杂起来。此时,谈判者的动机是双重的,既要谋取个体利益,又要适当地和对方交流信息,获取对方在各个谈判事项上的偏好信息。然而,Lax and Sebenius(1986)主张,每一个谈判的过程里都包含有分配式谈判(索取价值)与整合式谈判(创造价值)的成分,也就是说,无论事项之间有多少可以互换的空间,资源都必须面临被分配的命运。这样,如果双方的权力存在着差异,权力差异便对谈判者起到启动(priming)效应,谈判者认知中"输–赢"的思维便被启动,而"赢–赢"的思维则居于次要地位。McAlister et al.(1986)也认为,在不均衡谈判中,谈判者往往过于注重分配性因素,忽视整合性因素。具体到谈判者的行为上,对于权力较大的一方,仍希望以权力定输赢,掠取较大的份额;对于权力较小的一方,受到权力的影响,便有可能缺少谈判成功的信念,因此轻易妥协。

综上所述,在整合式谈判中,即使有了共赢的空间,强势方仍会运用权力来争取利益,过多地关注谈判的分配性因素(Anderson and Thompson, 2004)。在强势方权力战略的影响下,弱势方的主导反应是妥协,因此双方均较少关注整合性的潜力。这样,在总体上,谈判结果仍然反映了权力的分布(McAlister et al., 1986; Sondak and Bazerman, 1991)。研究者还发现,即使是在同一角色内,权力大的谈判者(持有较优的备选方案)也比权力小的一方能够获得更好的收益(Brett, Pinkley, and Jackofsky, 1996)。因此,本研究首先验证如下假设:

假设1:强势方的个体收益将高于弱势方的收益。

(1) 权力对动机取向的影响

动机取向 动机取向是指谈判者在谈判中的目标(Deutsch, 1958; Messick and McClintock, 1968)。如果谈判者持有合作性动机取向,那么谈判者的目的便是最大化自己的利益,同时也最大化对方的利益;如果谈判者持有个体化动机取向,谈判者的目的便是最大化自己的利益。两种动机取向都强调要扩大自己的利益,但合作性动机取向还强调要兼顾对方的利益,达到双赢的目的。动机取向的差异有可能源自个体差异(这时常常被称作社会价值取向),也可能是情境造就的产物,例如,如果双方有着长期合作关系,那就必须要兼顾彼此的利益。除了这两种动机取向,还存在竞争性动机取向,其目的是要扩大己方收益与对方收益的差距,但在谈判中,持有这种取向的人较少,因此本研究不考虑竞争性动机取向。

需要指出的是,动机取向的概念只适用于整合式谈判,并不适用于分配式谈判。原因在于,分配式谈判的利益总和是固定的,谈判者不可能同时最大化己方的收益和对方的收益,因此双方的目标都是个体取向的。

权力对动机取向的影响 权力的持有人往往对对方付出的注意力较少(Fiske, 1993),而更加以自我为中心(self-centered)。在组织内,上级往往会认为自己的目标更为重要,而下级的利益则是次要的考虑。在有关谈判中性别的研究中,Walters, Stuhlmacher, and Meyer(1998)也发现,男性通常有较多的竞争行为,而女性有较多的合作行为,而这种行为实质上源于对性别的刻板印象,即男性通常比女性更有权力。权力滥用(corruption)领域的研究提供了类似的证据。Kipnis(1972)证明,人们在拥有权力后可能会表现出行为的变形,例如更多地影响他人、对他人的评价更低、表现出更多的社会不适宜行为,等等。

当权力较小时,谈判者则更有可能采取合作取向,原因来自两个方面。首先,谈判者试图通过考虑对方的利益,关注对方的福利,来获得对方相应的回报;其次,由于权力小,为了避免得罪对方,妥协和退让的动机也会让其采取合作取向。

本研究主张,权力较大的一方会倾向于采取个体取向,权力较小的一方会倾向于采取合作取向。

假设 2:在谈判中,强势方的动机取向比弱势方更为个体化。

(2) 动机取向对个体收益和联合收益的影响

由于个体化取向谈判者的主要目标是最大化个人利益,因此,可以肯定的是,个体取向在谈判中有助于个体收益。然而,个体取向对联合收益的影响并不明朗。Olekalns and Smith(2003)发现,对于个体取向的谈判者,如果能够提出多事项的提议和间接的信息交流,便能获得较好的联合收益。但是,如果没有这些行为的话,虽然个体收益较高,联合收益也有可能不高,毕竟这并非个体主义者的关注点。

合作取向的影响则比较复杂。可以看出,合作取向既有妥协退让、不利于个体收益的成分,也有扩大联合收益的成分。如果从双重关注模型(Pruitt and Rubin,1986)的角度来看,合作取向的谈判者兼有妥协和协作的策略。De Dreu and Lange(1995)即明确指出,合作取向的谈判者在谈判中有两种表现,一种是出价较低、退让较多、较多考虑对方的公平感,另一种则是更有可能提出利益互换,进行信息交流,表现出较多的问题解决行为,以获得双赢。因此,合作取向的谈判者有可能因为妥协而损失个体收益,也有可能因为扩大了利益空间而提高了联合收益和个体收益。

De Dreu, Weingart, and Kwon(2000)通过元分析发现,具有合作取向(或者说亲社会动机)的谈判者确实有较少的竞争行为和较多的问题解决行为,最终导致较高的联合收益,但谈判者必须要做到对妥协的抵制。Olekalns and Smith(2003)也证明,那些联合收益较低的合作取向谈判小组,其特征为过多使用让步策略。

具体到不均衡谈判中,由于弱势方更偏向合作取向,强势方更偏向个体取向,因此弱势方更多地表现出妥协和退让,强势方则会利用弱势方的妥协心态索取更多的利益,结果导致强势方的个体收益将较高,而弱势方的较低。

前文已经假设,人事经理的收益高于申请人。本研究假设,这种收益的差异是源于双方主观权力的差异,进而导致动机取向的不同(看重个体收益还是共同收益)。

假设3:强势方在谈判前知觉到的权力高于弱势方,从而其在谈判中的动机取向更为个体,最终导致强势方的个体收益较高。具体来说,知觉到的权力在角色和动机取向/个体收益之间能够起到中介作用,动机取向又在角色/知觉到的权力和个体收益之间起到中介作用。谈判者的角色、知觉到的权力、动机取向和个体收益存在如图3-4所示的关系。

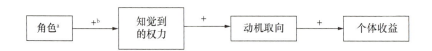

图3-4　权力对谈判收益的影响过程[a]

注:a 0=申请人,1=人事经理。
b "+"表示正向关系。

2. 动机取向对弱势方的影响

从上面的分析可以看出,如果申请人能够克服权力的影响,采取个体取向,便能提高自己的收益。原因在于,具有个体取向的谈判者在谈判中的首要目标是最大化个体利益,而不是要同时兼顾对方的权益,因此该目标能够促使谈判者付出更多的努力,包括采取某些竞争策略、坚持自己的立场,等等。特别是,这种个体取向能够让弱者克服妥协的心态,采取更积极的行动,从而改善收益。本研究有如下假设:

假设 4：弱势方在谈判中越趋于个体取向，其个体收益越高。

(1) 动机取向的影响因素：知觉到的权力

虽然申请人的客观权力确实较低，但就申请人而言，谈判者知觉到的权力也确实存在着差异，有些谈判者认为自己的权力较大，有些谈判者认为自己的权力较小。知觉到的权力能够影响谈判者的动机取向。如果谈判者知觉到的权力较大，那么至少在主观上，他就和对方取得了相对均衡的局势，在一定程度上能够克服权力的影响。原因在于，如果申请人表现得强势，那么按照威胁理论或者不匹配原则的预测，对方便会由此来推断申请人的立场和底线，从而做出让步。本研究有如下假设：

假设 5a：弱势方知觉到的权力越大，个体收益越高。

知觉到的权力能够影响个体收益的机制可能在于，权力越大，越倾向于采取个体取向，而不是以妥协退让为特征的合作取向。

假设 5b：弱势方的动机取向在知觉到的权力和个体收益之间能够起到中介作用。

(2) 动机取向的影响因素：促进性调节焦点

如上所述，如果谈判者知觉到的权力较大，将能够给自己带来较好的结果。知觉到的权力的大小主要取决于情境。例如，在谈判中，与申请人相比，人事经理知觉到的权力必然较大。然而，除了情境因素，谈判者的个体特征也能影响谈判者知觉到的权力。本研究考察了一种个性特征——促进性调节焦点(promotional regulatory focus)——对弱势一方在谈判中的影响。调节焦点理论(Higgins，1998)关注人们在追求目标时如何进行自我调节(self-regulate，指个体控制和指导自己行为的方式)。该理论强调，人们在追求目标时有两种不同的焦点，即促进性调节焦点(promotional focus)和防御性调节焦点(preventional focus)。持有促进性调节焦点的个体关注实际自我(actual self)与理想自我

(ideal self)的差距,关注积极结果的出现或不出现;而防御性调节焦点让谈判者更多地关注实际自我与应该自我(ought self)的差距,关注责任和义务,关注消极结果的出现或不出现。值得指出的是,两种焦点并不是相对的,个体有可能同时具有较高的促进性调节和防御性调节焦点。

尽管该理论有着广泛的影响,但很少有研究关注促进性调节焦点在类似谈判这样混合动机的社会互动中的作用。在有限的研究中,Galinsky et al.(2005)发现,促进性调节焦点能够让谈判者更多关心目标(即理想价格),从而提高自己在谈判中的收益。本研究认为,促进性调节焦点可能会影响弱势谈判者知觉到的权力,乃至动机取向和个体收益。权力较大的人事经理,更多地考虑收益,在谈判的情境下有了相当多的趋近行为,可以说是在谈判中处于攻势(Keltner, Gruenfeld, and Anderson, 2003);权力较小的申请人,则对可能受到的威胁和惩罚较为敏感,表现出较多的限制行为,在谈判中处于守势。研究一也证明了这一点。在研究一中,我们考察了双方在谈判态度和行为上的一些差异,发现人事经理比申请人更频繁地攻击对方的劣势[M(申请人)=2.31,SD=1.07,M(人事经理)=3.01,SD=1.06,$F(1\,191)=20.809, p<0.01$],而申请人更经常强调自己的优势[M(申请人)=4.16,SD=0.77,M(人事经理)=3.92,SD=0.91,$F(1\,191)=4.156, p<0.05$]。因此,对于人事经理,调节焦点的影响并不会很大。但是,对于申请人来说,如果调节焦点越偏向促进性,基于过去的成功经验,反而会导致知觉到的权力较大,从而更主动地追求个人收益,从而也会提高自己的收益。Crowe and Higgins(1997)考察了调节焦点在决策任务中的行为,发现持有促进性调节焦点的个体能够在艰难的决策任务中表现得更好,坚持更长时间,也能够在事先已经遭受挫折的情况下继续努力,达到更好的结果。在以上论述的基础上,本研究假设:

假设6a:申请人越趋向于促进性调节焦点,谈判前知觉到的权力越大。

假设6b:申请人越趋向于促进性调节焦点,动机取向越个体化。

假设6c:申请人越趋向于促进性调节焦点,个体收益越高。

假设6d:申请人知觉到的权力在促进性调节焦点和动机取向之间能够起到中介作用。

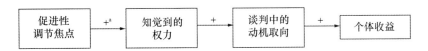

图 3-5　促进性调节焦点的影响过程[a]

注:a "+"表示正向关系。

3. 竞争策略对弱势方收益的影响

与分配式谈判相同的是,虽然对于申请人总体来说,个体收益逊于人事经理,但不可否认,如果申请人不甘于接受权力的影响,而是采取更为主动的姿态,竞争策略将有助于自己的收益。

与分配式谈判不同的是,整合式谈判有了利益扩大的空间,因此,申请人不但可以使用竞争策略,还可以使用利益策略。以往的研究均主张,弱势一方对于谈判有更大的贡献,原因在于他们常常更积极地提出整合性的方案等,以此挽留谈判对手,扩大利益空间(Larson,2003;Kim,1997)。然而,以往的研究考察的是在一个比较长的时间内,例如,在 Larson(2003)的研究中,谈判跨度超过数年,双方有过多个回合的谈判,因此,弱者有充分的时间去发掘谈判的潜力,或者在有些情况下是弱者有着相当丰富的谈判经验。但是,在许多谈判中,弱势谈判者的主导反应仍是妥协,合作取向的另一面——问题解决、通过信息交流实现互换——未能呈现出来。因此,本研究只假设竞争策略对个体收益的影响:

假设 7:申请人使用的竞争策略越多,个体收益越高。

需要指出的是,在研究二中,将不再考察第一次出价和妥协的影响。原因在于,在分配式谈判中,第一次出价(如开价 5 万元)和妥协/让步(如从 10 万元让步到 9 万元)都非常直观可见,但在整合式谈判中,由于使用了多事项,谈判者在第一次出价时,往往不会包含所有的事项,而是有可能只提出在单个事项上的出价或者包含两三个事项,因此,计算第一次出价相对而言意义不大。妥协行为在研究二中将被直接包含在坚持/威胁行为中去。

(1) 竞争策略的影响因素

前文提到,促进性调节焦点、知觉到的权力和动机取向都能够提高弱者的收益。本研究试图考察,这些因素之所以能够提高弱者的收益,就在于他们采取了竞争型的谈判策略。因此,有如下假设:

假设 8a:弱势方越趋向于促进性调节焦点,越倾向于在谈判中采取竞争策略。

假设 8b:弱势方知觉到的权力越大,越倾向于在谈判中采取竞争策略。

假设 8c:弱势方越趋于个体取向,越倾向于在谈判中采取竞争策略。

动机取向是谈判者在谈判中所持有的目标。动机取向之所以有助于提高谈判者的收益,是因为个体取向能够促使谈判者采取更多的谈判策略,包括在阐述自己的立场时扬长避短、表现出强硬的态度、尽量少让步,等等。本研究假设:

假设 8d:对于弱势方,竞争策略在动机取向和个体收益之间能够起到中介作用。

(二) 研究方法

1. 参加者

本研究的参加者为商学院大二的学生,本谈判练习是"社会心理学"课程的一部分。参加者的平均年龄为 19.6 岁,SD=1.0 岁,其中 39% 为男性,61% 为女性。在以后的分析中发现,性别对于结果没有显著影响,因此将不予报告。参加者有 118 人,共 59 对谈判者。有 6 对谈判者没有达成协议,由于数量较少不足以分析,因此在下面也不予报告。他们中的 90% 以上几乎没有任何谈判经验。

2. 谈判任务

本研究将采用模拟谈判的形式。谈判内容为人事经理和工作申请人就工作合同中的奖金、工作部门、报到日期、工作地点等四个事项进行谈判。在这四个事项中,两个属于整合性的,一个属于分配性的,还有一个属于协调性(互补性)的。

3. 操纵

对权力的操纵　本研究仍然使用职位来制造谈判双方权力的差异。在模拟谈判中,一方为某跨国汽车制造公司的人事经理,负责管理一个具有吸引力的"管理培训生"项目;另一方是某著名大学商学院的本科应届毕业生,虽然已经得到了公司的工作邀约,但是还需要与公司就工作合同的具体事项进行磋商。而且,由于人事经理负责该项目,在一定程度上能够决定日后该学生在公司的职业生涯发展,因此双方在公司的级别上存在着差异,导致职位权力有所不同。

4. 过程

在模拟谈判开始前,研究者被随机分配担任人事经理或工作申请人的角色。在活动开始后,参加者在15分钟到20分钟之内阅读"一般信息"(阐述双方共有的信息,包括权力的操纵)和角色的"秘密信息"(角色独有的信息),然后回答几个简单的问题。设计这几个问题的目的在于确保每个参加者完全理解了材料。之后,要求参加者填写"谈判前准备"问卷。问卷中的问题包括参加者的谈判经验等。随后,每个参加者随机选择一名不同角色的人作为对手进行谈判。大约30分钟后,谈判结束。如果谈判者达成协议,则需要签署"谈判合同书",表明对每个事项的协议方案。之后,参加者填写各自的"谈判后总结",回答有关谈判结果和过程的问题。最后,研究者向参加者讲述本次模拟谈判的实验条件,并就各组的谈判情况进行讨论和总结。

5. 变量及其测量

知觉到的权力[①]　测量方法同研究一。被试被要求对自己在谈判中所拥有的权力进行预先评定。

谈判结果(个体收益和联合收益)　谈判者将在"谈判合同书"上标明对各个方案的选择,由此可以计算出谈判者的个体收益以及双方的联合收益。谈判者获得的点数越多,个体收益越高。联合收益是在同一个谈判小组内双方个体收益的加总。

谈判中的动机取向　使用MO来表示。谈判者在"谈判后总结"中评定自己在谈判过程中的目标是最大化个体利益还是联合收益。参与者在9点量表上评定自己将使用的谈判方式是"使我自己的收益最大化"还是"使我自己的收益最大化,同时使对方的收益最大化",二者之差作为动机取向MO。如果MO>0,表明谈判者的动机取向比较个体,即目标更倾向于最大化自己的收益;如果MO<0,则代表合作取向,即谈判者更倾向于同时最大化双方的收益。本研究的讨论部分探讨了这种测量方法的优点和缺点。

谈判策略　在"谈判后总结"中评定双方和己方所使用的竞争策略。

竞争策略　参加者在5点量表上对自己和对方的策略进行评定。题目为"我常常强调自己的优势(由对方评定)""我努力回避自己的劣势(由对方评定)""我站在对方的立场上去说服对方""我在谈判中很少让步(由对方评定)""我在谈判中显得咄咄逼人(由对方评定)"。这五道题目的信度系数为0.62。其中,三道题目是谈判者进行互评,两道题目是自评。由于这些策略是在谈判后评定的,可能受到谈判收益的影响,因此采用这样的方法可以在一定程度上减少同源误差(common method variance)。

促进性调节焦点　使用"调节焦点问卷"(Higgins et al.,2001)中的一部分来测量。该问卷包括对促进性调节焦点和防御性调节焦点的测量,本研究使用

[①] 需要指出的是,本研究使用了知觉到的权力来测量谈判者主观上感知到的权力。主观权力在很大程度上是客观权力(在本研究中是职位权力)的反映,但是也不能排除其他因素,例如谈判者知觉到的其他选择的影响,因此主观权力是谈判者对己方综合权力所进行的判断,当然,是以职位权力为主。

了促进性调节焦点的题目。问卷的具体题目见附录 3-3。调节焦点是在模拟谈判前两周测量的。问卷的信度为 0.64,基本符合要求。

6. 数据分析方法

本研究使用 SPSS 进行数据分析,方法包括相关分析和回归分析。具体可见结果部分。

(三) 结果

1. 操纵检查

对权力的操纵检查 在谈判者阅读一般信息和秘密信息后,在谈判开始前,谈判者对自己所拥有的权力进行评定。结果发现,$M(申请人)=46.10, SD=10.15, M(人事经理)=67.37, SD=9.05, F(1\ 103)=128.78, p<0.01$。这表明,权力操纵是成功的,申请人知觉到的权力显著小于人事经理。

2. 研究假设的检验

(1) 权力对个体收益的影响过程

谈判者的个体收益 对个体收益进行 ANOVA 分析发现,$M(申请人)=5\ 117, SD=968, M(人事经理)=5\ 822, SD=1\ 060, F(1\ 116)=14.23, p<0.01$。谈判者的联合收益均值为 $10\ 939(SD=1\ 178)$。假设 1 得到证实。在本次模拟谈判中,人事经理取得了更高的个体收益。

谈判中的动机取向(MO) ANOVA 分析得出,$M(申请人)=-0.51, SD=2.05, M(人事经理)=0.53, SD=1.63, F(1\ 114)=6.69, p<0.05$。这表明,首先,在谈判中,人事经理比申请人更为个体取向,假设 2 得到证实;其次,从 MO 的大小来看,人事经理更注重个体利益最大化,申请人在注重个人利益最大化的同时也注重让对手的利益最大化。

影响过程 本研究假设,人事经理在谈判前知觉到的权力高于申请人,从而其在谈判中的动机取向也更为个体,最终导致人事经理的个体收益较高。通过将角色、知觉到的权力和动机取向纳入对个体收益的回归方程,可以得到如下结果(见表3-6)。

表3-6 权力对个体收益的影响过程:分层回归分析的结果[a]

预测变量	模型1	模型2	模型3
角色[b]	0.39**	0.14	0.17
知觉到的权力(POWER)		0.34**	0.21
动机取向(MO)			0.30**
ΔR^2		0.05	0.08
F的变化	18.35**	6.43**	10.78**
总体模型R^2	0.15	0.21	0.28
调整后的R^2	0.15	0.19	0.26
整个模型的F	18.35	12.88	13.02

注:a 按照变量输入的顺序列出变量;表中上半部分的数值为标准化Beta系数。
b 0=申请人,1=人事经理。
** $p<0.01$,* $p<0.05$。

可以看出,谈判者知觉到的权力是角色和动机取向之间的完全中介变量,而动机取向是知觉到的权力和个体收益之间的完全中介变量。假设3得到证实,即角色知觉到的权力不同,造就了动机取向的差异,最后导致了个体收益的高低。

(2)动机取向对弱势方的影响

动机取向(MO)与个体收益 相关分析发现,申请人的动机取向与个体收益成显著正相关,相关系数为0.38,$p<0.05$。假设4得到证实,即申请人在谈判中越趋于个体取向,其个体收益越高。

知觉到的权力和个体收益 结果发现,申请人知觉到的权力和个体收益的相关系数为0.43,$p<0.01$,同时人事经理知觉到的权力和个体收益的相关系数

为 0.06，$p>0.1$。假设 5a 成立，即弱者知觉到的权力越大，个体收益越高。同时，经检查发现，申请人知觉到的权力与联合收益的相关系数为 0.37，$p<0.01$。这表明，申请人在提高个体收益的同时，也间接提高了联合收益。这也表明，如果双方权力差距较小，联合收益将较高。

动机取向在知觉到的权力和个体收益间的中介作用 为了分析动机取向在知觉到的权力和个体收益之间的中介作用，采用分层回归分析来计算，使知觉到的权力和动机取向分层进入对个体收益的回归模型中。表 3-7 显示了结果。

表 3-7 知觉到的权力的影响过程：分层回归分析的结果[a]

预测变量	模型 1	模型 2
知觉到的权力	0.43**	0.34*
动机取向		0.30*
ΔR^2		0.08
F 的变化	11.16**	5.50*
总体模型 R^2	0.19	0.27
调整后的 R^2	0.17	0.24
整个模型的 F	11.16**	8.84**

注：a 按照变量输入的顺序列出变量；表中上半部分的数值为标准化 Beta 系数。
** $p<0.01$，* $p<0.05$。

由以上的分析可知，动机取向是知觉到的权力与个体收益之间关系的部分中介变量。假设 5b 得到证实，即弱者知觉到的权力越大，越偏向于个体取向，从而个体收益越高。

促进性调节焦点与个体收益 检查发现，促进性调节焦点与知觉到的权力的相关系数为 0.34，$p<0.05$，与动机取向的相关系数为 0.25，$p<0.05$，但是与个体收益的相关系数为 0.20，$p>0.1$，相关不够显著。因此假设 6a 和假设 6b 得到证实，但假设 6c 和假设 6d 未得到证实。

这表明，促进性调节焦点的个体知觉到的权力较大，进一步影响到了动机取向，但是由于谈判过程相当复杂，随着谈判的发展，促进性调节焦点的影响在逐渐减弱,相关系数从 0.34($p<0.05$)下降到 0.25($p<0.05$)、0.19($p>0.05$)和 0.20($p>0.05$)。这表明,人格特征虽然起到了一定的作用(影响了知觉到的权力和个体取向),但是并没有影响到竞争策略和个体收益,相对来说,后两者更可能是情境的产物。在日后的研究中,可以考虑采用操纵的方式来研究,例如对实验组的被试进行促进性调节焦点的操纵,然后与控制组的被试的谈判结果进行比较。

表 3-8　各变量的均值、标准差和相关矩阵

(角色:申请人)

		均值	标准差	1	2	3	4	5
1	促进性调节焦点	3.59	0.54					
2	知觉到的权力	46.10	10.15	0.34*				
3	动机取向	−0.51	2.05	0.25*	0.30*			
4	竞争策略	15.29	3.23	0.19	0.31*	0.37**		
5	个体收益	5 117	968	0.20	0.43**	0.38**	0.38**	
6	联合收益	10 939	1 178	0.07	0.37**	0.19	−0.12	0.53**

注:** $p<0.01$,* $p<0.05$。

(3) 竞争策略对弱势方收益的影响

竞争策略和个体收益　检查发现,申请人的竞争策略与个体收益的相关系数为 0.38,$p<0.01$。假设 7 得到证实。

促进性调节焦点和竞争策略的相关系数为 0.19,$p>0.1$,假设 8a 未得到证实。这意味着虽然二者有正向关系,但是促进性调节焦点对竞争策略的影响相对微弱。知觉到的权力与竞争策略的相关系数为 0.31,$p<0.01$。假设 8b 得到证实。这表明,这些策略的使用与权力大小是有一定关系的,如果谈判者认为自己相对强势,将会更频繁地使用竞争型的策略。

动机取向与竞争策略的相关系数得到为 0.37,$p<0.01$,即越趋于个体取向,越倾向于使用竞争策略,假设 8c 得到证实。这表明,如果弱者一心想为自己

谋取更多的个人利益,反而能够更积极地运用相关策略来提高自己的收益。

为了证实竞争策略在动机取向和个体收益之间的中介作用,我们采用了分层回归分析来计算,结果如表 3-9 所示。

表 3-9　动机取向的影响过程:分层回归分析的结果[a]

预测变量	模型 1	模型 2
动机取向	0.35**	0.24
竞争策略		0.29*
ΔR^2		0.07
F 的变化	7.04**	4.52*
总体模型 R^2	0.12	0.20
调整后的 R^2	0.11	0.17
整个模型的 F	7.04**	6.03**

注:a 按照变量输入的顺序列出变量;表中上半部分的数值为标准化 Beta 系数。
** $p<0.01$,* $p<0.05$。

从表 3-9 可以看出,竞争策略是动机取向和个体收益之间的完全中介变量。假设 8d 得到证实。这表明,申请人越趋于个体化动机取向,所采取的竞争策略越多,包括强调自己的优势、回避自己的劣势、站在对方的立场来说服对方,以及在态度上表现强硬等,以此来提高自己的收益。

(四) 讨论和总结

1. 结果总结

研究二考察了权力在整合式谈判中的影响过程和弱者用来改善个体收益的谈判策略。具体来说,首先,本研究证实了权力在整合式谈判中依然可以产生影响,在模拟谈判中,申请人的平均收益显著低于人事经理的收益。权力的影响路径是,由于申请人在谈判前知觉到的权力低于人事经理,因此在谈判中表现得更为合作,即更多地考虑联合利益而不是自己的利益,最终导致申请人的个体收益较低。结果发现,动机取向在知觉到的权力和个体收益之间起到完全中介作用,即角色知觉到的权力不同,造就了动机取向的差异,最后导致了个体收益的高低。

其次,就申请人而言,可以通过竞争策略来提高个体收益。这一点是与分配式谈判类似的。这些竞争策略包括强调自己的优势、回避自己的劣势、以理服人,等等。本研究还证实了,申请人是否能够采取竞争策略受到知觉到的权力和动机取向的影响。申请人知觉到的权力越大,越倾向于在谈判中采取竞争策略。申请人越趋于个体取向,越倾向于在谈判中采取竞争策略,从而收益越高,竞争策略在动机取向和个体收益之间起到了中介作用。

2. 理论意义

研究一的考察对象是在分配式谈判中的弱势谈判者,但是,由于分配式谈判和整合式谈判的性质不同,因此为了更全面地考察权力的影响,研究二将着眼点放在了整合式谈判中。本研究在以下几个方面推动了权力领域的研究。

第一,关于权力在整合式谈判中的影响过程。正如在研究一中指出的那样,以往的研究并不关注权力的影响过程,一个例外是张志学等(2006)考察了分配式谈判中权力对第一次出价和收益间关系的调节,但在整合式谈判中的研究还不多。Anderson and Thompson(2004)发现,如果权力较大的谈判者在个体特征上比较偏向积极情感,就会提高对手的信赖感,从而促进联合收益的提高。该研究有助于了解权力对联合收益的影响,但并没有揭示权力对个体收益的影响。

本研究发现,双方的个体收益之所以存在差异,是因为权力导致了动机取向的差异。受到权力的影响,强势方更易采用个体取向(即在谈判中的目标是个人利益最大化),而弱势方更易采用合作取向(即在谈判中的目标是双方利益最大化)。原因在于,一方面,弱势方慑于强势方的权力,不敢过分争取自己的利益,害怕得罪对方,或者甘愿接受权力差异的结果,表现为较多的妥协;另一方面,弱势方有可能试图通过考虑对方的需要来扩大利益空间。由于双方持有不同的动机取向,导致强势方能够获取较多的收益。

进一步检查发现,申请人的动机取向与人事经理的个体收益的相关系数为

-0.13，$p>0.1$，呈现负向关系但不显著；人事经理的动机取向与申请人个体收益的相关系数为-0.39，$p<0.01$，这表明，人事经理的动机取向越个体，越能从对方那里攫取更多的收益。正如Thompson(2001)指出的那样，合作主义者必须要当心自己的利益，避免为个体主义者所利用。对于弱者而言便是如此，不管出于何种动机，如果采用合作取向，便容易为个体取向的强者所利用。反之，如果弱者能够克服权力的影响，也采取个体取向的话，便能够改善自己的谈判结果。

该结果具有两方面的含义。第一，权力在整合式谈判中的影响研究有助于我们了解权力的影响过程。在研究一中，已经发现权力是经由谈判者的期望收益来影响谈判收益的。在研究二的整合式谈判中，权力是通过谈判者的动机取向来发挥作用的。二者的机制是类似的，期望收益和动机取向对谈判者而言均发挥着目标的作用。总体看来，在不均衡谈判中，由于弱者自感权力较小，因此在谈判中的目标较低或较为合作，从而导致收益较低。第二，权力在整合式谈判中的影响研究也增加了对动机取向的认识。在以往的研究(Chen et al.,2004)中，通过操纵动机取向，发现权力和动机取向具有交互作用，即不管权力大小，合作取向都会让个体考虑到集体利益，但当持有个体取向时，强者会比弱者更加考虑个体利益，即动机取向比权力有着更大的影响力。然而，由于在此研究中动机取向由操纵得来，而不是谈判者受到权力影响的真实反应，因此就不足以解释权力的影响过程了。本研究的结果有助于更深入地了解权力和动机取向的关系。

第二，揭示了竞争策略的积极影响。以往的研究仅仅强调了在整合式谈判中，弱者要想获得更大的份额，就需要想方设法促成双赢(Kim,1997)，例如，增加谈判事项、发现双方在谈判事项重要性和优先性上的差异，等等。然而，本研究证明，在整合式谈判中弱者也可以直接索取价值，和分配式谈判一样，竞争策略有助于改善弱者的收益。这些策略包括对己方立场的维护和强调(例如，强调自己的优势、回避自己的劣势、以理服人，等等)以及采用威胁、强硬的手段。

第三，知觉到的权力的影响。Kim et al.(2005)的理论文章强调，在研究权力的影响过程时,一定要考虑知觉到的权力的影响。在研究二中,引入了知觉到的权力来衡量谈判者在客观权力基础上知觉到的权力的差异。除了客观的职位权力之外,知觉到的权力还受到谈判者的价值观、以往经验(如应聘经验)、对谈判材料的理解等因素的影响,因此,能够更准确地考察权力的影响。

本研究已经证实了知觉到的权力与个体收益的积极关系,知觉到的权力越大,谈判者越倾向于采用个体化动机取向,个体收益越高。同时,值得注意的是,弱者知觉到的权力的提高也促进了联合收益的提高。对于申请人而言,知觉到的权力和联合收益的相关系数为 $0.37, p<0.01$。这一点和动机取向的影响是不同的,后者仅有利于个体收益。这一点也证实了 Wolfe and McGinn(2005)的结论,即双方权力差别越大,联合收益越低。在今后的研究中,需要进一步研究此影响过程,例如,联合收益的提高仅仅是缘于弱者个体收益的提高,还是弱者能够表现出某种有利于双方的特定行为。

第四,关于促进性焦点的影响。本研究的结果推进了调节焦点理论(Higgins,1998)的研究。尽管该理论已经在许多领域产生了多项研究,包括个人决策、情绪体验、说服,等等,并得到了广泛的验证,然而,在谈判中的应用并不多。

在本研究中,我们发现对于弱者而言,越趋于促进性调节焦点,知觉到的权力越大,越偏向于个体取向,这是因为权力较小的申请人对可能受到的威胁和惩罚较为敏感,表现出较多的限制行为,在谈判中处于守势,因此容易受到促进性调节焦点的影响。然而,对于人事经理,促进性调节焦点没有显著影响,因为人事经理作为较有权力的一方,已经处于"追求"或"趋近"的状态(Keltner et al., 2003),在谈判中处于攻势。该结果证实了 Crowe and Higgins(1997)关于促进性调节焦点对于处于逆境中的个体的激励作用,并细化到了谈判情境。如果谈判者比较偏向于促进性调节焦点,即追求成就,注重理想自我和实际自我的差异,那么他们在处于劣势的时候,受到以往成功经验的鼓励,便能表现出更多的积极性和自信心。谈判者的促进性调节焦点越强,知觉到的权力越大,越偏向于个体取向。在未来的研究中,可以考虑操纵谈判者的促进性调节焦点,进一步确定其对于弱者的激励作用。

3. 不足之处

本研究存在一些不足,主要有以下几点。
(1) 关于动机取向的测量

需要指出的是,本研究关于动机取向的测量存在两个问题。首先,动机取向的测量指标存在着问题。在以往考察动机取向的研究中,主要有两种做法。第一,采用操纵的办法。例如,在 Weigart,Bennett, and Brett(1993)的研究中,模拟谈判发生在一个市场的四家商店之间,操纵方法为在谈判前,告诉第一组谈判者"你今天达成的协议将对整个市场的利润率产生重大影响。利润率的指标就是点数。整个市场(即所有商店)所获得的点数越多,对整个市场就越有利。你不应该仅仅考虑个人利益,也应该关心其他商店的利益"(合作化动机取向);同时,第二组谈判者被告知,"你今天达成的协议将对你的商店的利润率产生重大影响。利润率的指标就是点数。你获得的点数越多,利润率越高"(个体化动机取向)。在这种情况下,双方在谈判中将拥有迥异的目标。

第二,根据 Messick and McClintock(1968)对动机取向的定义,通过若干个在两人之间分钱的情境来测量被试属于哪种类型。举例来说,对于三种分钱方式:方式 A 为己方获得 4 800 元,对方 800 元;方式 B 为己方 5 400 元,对方 2 800 元;方式 C 为己方 4 800 元,对方 4 800 元。如果一个人在这三种方式中选择方式 A,那么他可能为竞争取向;选择方式 B,可能为个体取向;选择方式 C,则可能为合作取向。

在本研究中,要求被试分别在 9 点量表上对"使我自己的收益最大化"和"使我自己的收益最大化,同时使对方的收益最大化"上进行选择。需要指出的是,在研究者之前就不均衡谈判进行的研究中,发现如果仅仅让被试在"使我自己的收益最大化"和"使我自己的收益最大化,同时使对方的收益最大化"上进行单一选择的话,发现绝大多数谈判者(约为 81%)均会选择第二项,这有可能是因为,人们在选择动机取向时具有高的社会称许性。为了避免这个问题,在本研究中,采用 9 点量表来测量动机取向。如果动机取向大于 0,表明比较倾向于个体取向;否则,则相对表现为合作取向。

其次,在动机取向的测量时间问题上也有待商榷。本研究所考察的动机取向是谈判者在谈判中所持有的目标,但本研究是在谈判后对动机取向进行测量的,不能排除参加者根据自己的收益来报告自己的动机取向的可能性,例如,如果申请人的收益不佳,可能会报告自己的动机取向比较合作。然而,由于在谈判过程中测量动机取向是一件相当困难的事,并且谈判者的动机取向又是进入谈判后、通过与对手交锋后才能完全确定的,因此测量只能在谈判一结束、双方还未了解对手以及其他谈判者的收益时进行,以减少谈判者对收益优劣的判断及其带给动机取向的影响。今后,还需要探索更好的测量方法,例如,采取谈判者自评结合对方评定的方式。

(2) 关于谈判策略的使用

本研究证实了弱者可以运用竞争策略来改善处境,是对弱者策略研究的推进。需要说明的是,以往的研究均强调,弱者应采用利益策略来提高个体收益和联合收益,然而由于本研究的被试为大二本科生,缺少双赢谈判的经验,所以他们更倾向于使用竞争策略而不是利益策略,另外,权力不均衡造成整合式谈判也带有强烈的竞争成分(McAlister et al., 1986;Anderson and Thompson,2004),降低了整合的可能性。这两个原因导致本研究以竞争策略为研究重点而不是以利益策略为重点。本研究揭示了弱者可以以多种途径来促进个体收益的提高。

附录 3-1 谈判者的竞争行为和妥协行为

1. 谈判者的竞争行为(研究一)

① 我努力使得我与对方看起来势均力敌。

② 我常常攻击对方的劣势。

③ 我用有力的证据支持我的立场。
④ 谈判中我常常威胁对方。
⑤ 我在谈判中咄咄逼人(由谈判对手评定)。

2. 谈判者的妥协行为(研究一)

① 我试图委曲求全。
② 我做出了较大的让步和妥协。

附录 3-2　研究一的谈判材料

1. 工作申请人的角色说明

注意：

在谈判结束之前,你不应该将该角色说明给任何人看,或者泄露其中的信息！谈判要限制在本练习所提供的情境之内,不能使用练习之外的信息。

在这场谈判中,你将扮演一名工作申请人的角色。你是华泰商学院的全日制 MBA 学生。该商学院在中国声誉卓著,师资雄厚,注重案例教学,在培养学生过程中注重与企业当前需求的相关性,并能将国际上先进的管理知识和实践与中国特色有机地融合在一起。华泰商学院每年都培养出大批高素质的 MBA 学生,这些学生受到了用人单位的普遍好评。在刚刚结束的《金融时报》关于亚洲商学院的评选中,华泰商学院排名第三。

在进入华泰商学院之前,你曾在国内著名的私营企业和某大型外资企业有过5年的工作经验。现在,你是MBA二年级的学生,将在明年夏季毕业,之后你打算进入管理咨询行业,从事分析师的工作。经过简历筛选、笔试、面试等多轮奋战,你现在已经拿到了著名咨询公司智威公司的工作邀约。

智威公司是美国智威咨询集团在中国的分公司。智威咨询集团是全球咨询行业中的佼佼者,为客户提供战略、执行、技术、组织结构、兼并和收购等方面的咨询服务。自1970年成立以来,智威一直秉承"以客户的财务结果来评估顾问的业绩"的理念。智威的客户在股票市场表现卓越,高出平均水平2倍以上。智威咨询集团的分支机构遍布全世界,与世界各个地区和行业的1 500多家大型公司有过合作。去年,在美国 *Consulting Magazine*(咨询界著名杂志)对咨询公司的年度评选中,前三名依次为麦肯锡公司、贝恩公司和智威咨询集团。1998年,智威咨询集团进入中国,开始拓展中国市场的业务。今年,智威公司已经在各大著名商学院召开了招聘会,尤其欢迎有一定工作经验的MBA学生。

在上星期的面谈中,你已经和你未来的上司(如果你加入智威公司的话)——ERP业务部经理基本谈好了工作条件,包括起薪、住房补贴、工作开始日期等,只剩下奖金一项没有谈。根据智威公司的规定,得到工作邀约的人需要与公司的人事经理最后协商奖金的数量。

现在,你需要和智威公司的人事经理就奖金的数额进行协商。根据你的了解,在中国市场上,对于应聘分析师职位的毕业生而言,类似智威这样的国际著名咨询公司提供的奖金数最高为每年30万元人民币。不过,能够得到这样待遇的人并不多。往届进入咨询公司的师兄告诉你,起步奖金至少应为10万元人民币。由于经济紧缩,今年的工作市场变得非常严峻,到商学院来召开招聘会和宣讲会的大公司比去年明显减少,招聘人数也大幅下降。因此,你非常珍惜智威公司的工作机会,这有可能是你最好的选择。你在当前谈判中的收益是以你谈成的奖金数来确定的。

2. 人事经理的角色说明

注意:

在谈判结束之前,你不应该将该角色说明给任何人看,或者泄露其中的信息!谈判要限制在本练习所提供的情境之内,不能使用练习之外的信息。

在这场谈判中,你将扮演一名人事经理的角色。你是智威公司的人事经理,负责应届毕业生的招聘工作。

智威公司是美国智威咨询集团在中国的分公司。智威咨询集团是全球咨询行业中的佼佼者,为客户提供战略、执行、技术、组织结构、兼并和收购等方面的咨询服务。自1970年成立以来,智威一直秉承"以客户的财务结果来评估顾问的业绩"的理念。智威的客户在股票市场表现卓越,高出平均水平2倍以上。智威咨询集团的分支机构遍布全世界,与世界各个地区和行业的1 500多家大型公司有过合作。去年,在美国 *Consulting Magazine*(咨询界著名杂志)对咨询公司的年度评选中,前三名依次为麦肯锡公司、贝恩公司和智威咨询集团。1998年,智威咨询集团进入中国,开始拓展中国市场的业务。和往年一样,今年你所属的人事部门已经在各大著名商学院召开了招聘会,希望能够招收到有一定工作经验的优秀 MBA 学生,担任咨询师的工作。

目前,公司已经选定了来自华泰商学院的一名 MBA 学生,准备让其加入 ERP 业务部。该商学院在中国声誉卓著,师资雄厚,注重案例教学,在培养学生过程中注重与企业当前需求的相关性,并能将国际上先进的管理知识和实践与中国特色有机地融合在一起。华泰商学院每年都培养出大批高素质的 MBA 学生,这些学生受到了用人单位的普遍好评。在刚刚结束的《金融时报》关于亚洲商学院的评选中,华泰商学院排名第三。

公司已经给这名学生发出了工作邀约,并且 ERP 业务部经理已经与之基本谈好了工作条件,包括起薪、住房补贴、工作开始日期等,只剩下奖金没有谈。根据智威公司的规定,得到工作邀约的人需要与你最后协商奖金的数额。

现在,你需要和这位应聘人就奖金的数额进行协商。在中国市场上,对于应聘分析师职位的毕业生而言,类似智威这样的国际著名咨询公司提供的奖金数最高为每年30万元人民币。不过,能够得到这样待遇的人并不多。在谈判前,公司主管人事的副总裁告诉你,由于公司今年削减开支的要求,因此,给应届MBA毕业生所提供的奖金数应该不能高于20万元人民币。就你公司过去招聘的情况来看,对前来担任分析师职位的某些MBA毕业生提供的奖金最低为5万元人民币。

根据你的了解,由于经济紧缩,今年的工作市场对求职者来说非常严峻,各大公司纷纷缩减了招聘人数或者停招。从招聘会的热烈程度、收到简历的数量、进入面试的申请人的素质等方面可以看出,本公司对毕业生具有很大的吸引力。你在当前谈判中的收益是以你谈成的奖金数来确定的。

附录3-3 促进性调节焦点量表(Higgins et al., 2001)

请根据自己的真实情况,在每个问题下符合自己情况的数字上打√。

1. 与大多数人相比,你是否经常得不到你想要的东西?(反向计分)

    1　　　　　2　　　　　3　　　　　4　　　　　5

    从不或极少得不到　　　　有时得不到　　　　经常得不到

2. 你经常会付出更多的努力去完成一些事情吗?

    1　　　　　2　　　　　3　　　　　4　　　　　5

    从不或极少会　　　　　有时会　　　　　经常会

3. 你是否经常可以做好那些你尝试做的各种事情?

    1　　　　　2　　　　　3　　　　　4　　　　　5

    从不或极少可以　　　　有时可以　　　　经常可以

4. 当你追求一些自认为重要的事情时,发觉自己并没有理想中表现得那么好。(反向计分)

    1　　　　　2　　　　　3　　　　　4　　　　　5

    从不是这样　　　　　有时是这样　　　　经常是这样

5. 你觉得自己在人生成功的道路上已有所进展。

     1   2   3   4   5

   绝对错误   绝对正确

6. 在你的生活中你很少找到可以引起自己兴趣或促使自己努力去做的事情。（反向计分）

     1   2   3   4   5

   绝对错误   绝对正确

第四章 谁能打破权力的藩篱?

在第三章,我们考察了谈判者权力的主效应和权力的影响过程,以及弱者是否可以通过特定的策略来改善谈判结果。在以往的权力研究中,关注重点多为谈判者权力的主效应,很少从谈判者特征的角度来考虑这些因素对谈判过程和谈判结果的影响。相关研究之所以缺乏,部分是因为近年来研究中对个体特征的漠视。尽管在谈判研究兴起的初期,有些研究者考察了个性的影响,例如马基雅维利主义(Machiavellianism; Fry, 1985)、大五人格(Big Five)和认知能力(Barry and Friedman, 1998),等等,然而,由于结果并不稳定,以及认知路径的兴起,研究者对性格等的兴趣渐渐减弱。权力与性格的交互作用也很少有人提起。另外,谈判毕竟是一个人际互动过程,参与者的文化特性对谈判也必定有影响,尤其是在有些文化中,权力在社会互动中发挥着重要作用。因此,本章将考虑,是否具有某些特征(性格、文化特征)的谈判者能够打破权力对价值索取和价值创造的固有影响。

尽管强者在谈判中更可能取胜,但在现实生活中确实可以观察到一些以弱胜强的例子,如周恩来率领的中国代表团在1954年日内瓦会议上成功地实现了中国的政治主张,Gladwell(2013)也列举了若干弱势群体利用某些特殊策略胜过优势群体的例子。这些都表明,某些谈判者能够突破权力的障碍,这给本研究提供了思路。

遵循组织行为学中人格 X 情境(person X situation)的研究思路,本研究将检视谈判者(包括强势方和弱势方)的个性特征和文化特征在不均衡谈判中的影响。

具体来说,研究包括两个角度,分别为弱势方的特征对价值索取的影响,以及强势方的特征对于价值创造的影响。之所以选择这两个角度,是因为,第一,在不均衡谈判中,与强势方相比,弱势方显然具有更强的改善个体收益的愿望;第二,以往的研究发现,谈判中权力较大的一方对整合性结果具有更大的影响力(Anderson and Thompson, 2004)。

一、理论与研究假设

正如第三章所证实的,权力对价值分配起到决定性作用,具体机制在此不再赘述。本研究首先重复之前的假设:

假设1:在整合式谈判中,与权力较小的一方相比,权力较大的一方将获得较高的个体收益。

除此之外,关于权力对价值分配(即联合收益)的影响,与对价值索取的影响的研究不同,以往对权力与整合性的关系的研究尽管很多,但结果是不确定的。

有些研究者发现,权力的不均衡能提高联合收益(Roloff and Dailey, 1987; Sondak and Bazerman, 1991)。而有些研究者则认为,权力的不均衡妨碍了双赢(McAlister et al., 1986; Weingart et al., 1990; Wolfe and McGinn, 2005)。正如前文所言,以往的研究之所以就不均衡谈判的整合性存在争议,原因在于不均衡谈判有促进整合性的积极因素,也有增强分配性的消极因素。权力之所以会妨碍联合收益,原因在于获得双赢的关键在于双方进行充分的信息交换,了解对方利益的重要性和有限性排序,从而能够进行利益互换,达到双方利益的最大化,然而,当双方力量不均衡时,权力较大的一方倾向于使用过多的竞争性甚至胁迫性的谈判策略(Lawler and Bacharach,1987;De Dreu,1995),从而妨碍了双方的信息交流,破坏了信任感。从积极的因素来说,有的研究者发现,由于权力不均衡,弱势方更有可能付出更多的努力去增进谈判的整合性,比如更积极地提出整合性的方案,等等,因为只有通过这种途径,弱势方才能获得更多的利益(Kim,1997;Larson,2003)。因此,在不均衡谈判中,多个因素彼此抵消后,谈判双方权力的不均衡对谈判的整合性没有表现出显著的影响,需要引入相关的调节变量后方能更好地观察权力不均衡的影响。在此处,本研究先不提出关于谈判整合性的研究假设。

（一）弱势方的特征对价值索取的影响

正如前文所言,即使处于弱势地位,某些谈判者也能够设法改善自己的境遇,获得较好的收益。有些研究者考察了这个问题。例如,Schelling(1960)指出,如果弱势一方能够发出可信的威胁,如破釜沉舟,那么情势就有扭转的可能。Scott(1985)发现,在马来西亚的农民与地主的博弈中,尽管农民不会公开对抗地主,但会不断采用偷懒、暗中破坏、在粮食中造假等种种形式来减少自己的利益损失。Fiske(1993)也指出,在权力不均衡的关系中,由于弱者往往会更留心对方的举止、更关心互动的进展、思考更为缜密,因此有可能改善自己的处境。在本研究中,我们尝试考察弱势谈判者的哪些特征能够促使其获得更高的收益,具体包括两项特征,即外向性(extraversion)和现代性(modernity)。

1. 外向性与个体收益

外向性被认为是在谈判中最相关的一个个性特征之一(Anderson and Thompson,2004;Barry and Friedman,1998)。外向性代表着较强的社交性、主动性和自信心。外向的个体通常善谈、精力充沛、行动导向(Costa and McCrae,1992)。在谈判中,与内向的个体相比,外向的谈判者可能更愿意向对方发问,有更多的寻求信息的行为。这样的做法有利有弊。例如,研究者发现外向性会影响谈判者在分配式谈判中的利益,原因之一是外向性的个体提问较多,容易受到对方出价的锚定(Barry and Friedman,1998)。

在权力不均衡的谈判中,权力的差异有可能会影响到谈判者的信息搜寻。谈判中的信息交换行为可分为直接信息交换和间接信息交换(Brett and Okumura,1998),其中前者又包括信息的搜寻和信息的分享,信息搜寻即"要信息",表现为在谈判中直接地询问对方的要求、出价、侧重点等,信息分享则是"给信息",即将己方的要求、关注点等告知对方;间接信息交换也可被称为互换,即在谈判中通过隐晦的方式来与对方交流信息,例如列出多个等额的备选方案,或者将几个事项捆绑在一起进行谈判。

当人际交往的双方实力不对等时,弱势的一方往往有更强的准确性动机,在认知时会付出更多的努力(Fiske,1993)。具体到谈判情境,De Dreu and Van Kleef(2004)发现,弱势的谈判者询问了更多的诊断性问题,而不是引导性问题。鉴于此,当外向性的谈判者居于劣势时,其善于沟通的特征将有助于其进行信息搜寻,从而获得对对方更多的了解,提高对对方利益关注点的判断准确性,从而提高个体收益。相比之下,内向的个体在沟通中不善于打开局面,因而可能就无法获得足够多的信息,特别是当他们处于弱势地位时,这样的特征就更有可能被放大。因此,我们预测,在不均衡谈判中,外向性的谈判者将会有较多的信息寻求行为,从而改善收益。

假设2a:弱势谈判者的外向性与其在谈判中的信息寻求行为成正相关。

假设2b:弱势谈判者的外向性与其个体收益成正相关。

假设2c:弱势谈判者的信息寻求行为将在其外向性和个体收益之间起中介作用。

2. 现代性与个体收益

文化影响着个体对谈判的图式,包括谈判目标、沟通方式和谈判策略等(Adair and Brett,2004)。总体而言,东方文化下的集体主义表现出更高的关系取向,更注重与谈判对手的关系,更关心获得双赢的解决方案。而个体主义的谈判者则关注资源的分配。相当多的实证研究支持了这一点。例如,研究者曾以美国和希腊的谈判者作为个体主义和集体主义的代表,发现美国的谈判者发出更极端的出价,进行更多的自我强化的陈述,表明他们关注的重点是价值索取,而希腊的谈判者更关注双方的共同利益(Gelfand and Christakopoulou,1999)。

目前谈判领域的许多研究是从价值观的角度来考察文化,如个人主义与集体主义、沟通方式、权力距离等。尽管这些特征被广泛使用,但未必能抓住中华文化的独特性和中国人的特性(Farh, Earley, and Lin, 1997)。中国台湾本土心理学家杨国枢等(1991)通过对台湾地区的转型过程的考察来透视中国人的性格和价值观的变迁,提出个人现代性和传统性更能反映当前中国人的本质。尽管从历史上看,像中国这样的东方社会具有高传统性的特征,但是经历了社会的剧烈变革、经济改革与发展、政治制度的革新之后,人们的价值观和态度也开始具有现代性的特征。随着社会的现代化,中国人传统人格结构中与现代社会不相适应的部分逐渐减少或被更新,与现代社会相适应的部分则得以保持与弘扬。现代性代表了平等主义、思维的开放性、乐观主义和主动性、情感愉悦、自立、两性平等,等等,而传统性则包括家族取向、集体主义、权威导向、孝顺等因素(Yang, Yu, and Yeh, 1991)。通常,像美国这样的西方社会更强调现代性,强调每个个体都有自己的基本人权(Triandis, 1989; Erez and Earley, 1993),个体有权基于自己的贡献来获得报酬。值得注意的是,传统性和现代性并不是一个维度的对立两端。许多社会既是高传统性的,又是高现代性的,例如泰国和中国台湾地区,特征是既尊重家族主义和共同的利益,又强调个体的发展和主动性。

在本研究中,当居于劣势的谈判者具有较高的个人现代性时,可能有助于其个体收益。原因在于,现代性的核心要素是平等主义、乐观主义和主动性,其中平等主义反映了坚信人人平等的信念,乐观主义代表对未来的美好预期,主动性反映了个体表达自己感情、想法、愿望和主张个体权益的倾向。综合来看,现代性高的个体在思想上和行动上都比较积极。这样的个体在不均衡谈判中,可能不会轻易地屈从于局势,相反,他们可能仍然持有对结果的信心,继续为自己的利益而奋争。一个可能的机制是,高现代性的弱势谈判者会在谈判前持有较高的谈判期望(Pruitt, 1981)。大量的证据表明,谈判者在谈判前对谈判结果的期望或目标与个体收益正相关,期望越高,收益也越高(Northcraft et al., 1994; Zetik and Stuhlmacher, 2002)。因此,我们做出如下的假设:

假设 3a：弱势谈判者的现代性与其谈判前期望成正相关。
假设 3b：弱势谈判者的现代性与其个体收益成正相关。
假设 3c：弱势谈判者的期望将在现代性和个体收益之间起到中介作用。

（二）强势方的特征对价值创造的影响

过去的研究表明，在权力不均衡的谈判中，弱者有可能试图通过提出双赢的方案来改善自己的处境(Larson, 2003; Mannix and Neale, 1993)。然而，研究也表明，与弱势谈判者相比，强势方对谈判的整合性具有更大的影响。例如，研究者发现，强权者的积极情感（在谈判前使用"积极/消极情感量表"测量）能够很好地预测谈判双方的协议整合性的程度，但是弱者的积极情感对结果没有影响(Anderson and Thompson, 2004)。在本研究中，我们继续探讨强势者的某些个性特征是否有助于提高联合收益，具体来说，包括亲和性和传统性。

1. 亲和性与联合收益

在大五人格中，亲和性对人际互动发挥着直接、稳定的影响(Barry and Friedman, 1998)。亲和性是指个体合作、体贴、信任他人的倾向(Barrick and Mount, 1991)，亲和性高的个体更善于换位思考、更容易与他人发生共情、有更多的助人行为(Graziano et al., 2007)。

在谈判中，谈判者的亲和性对谈判结果有着多重影响。在分配式谈判中，研究者发现卖方的亲和性与其个体收益成负相关(Barry and Friedman, 1998)，原因在于亲和性导致谈判者做出较多的让步。Dimotakis et al. (2012)认为，性格和情境应具有一定程度的匹配，不同性格的人适合的谈判情境是不同的。他们考察了亲和性与情境的交互作用，结果发现，亲和性较高的谈判者更适合于整合性谈判，表现为唤起程度较高、情绪较好，最后获得的经济收益也较高，而亲和性低的谈判者更适合于分配式谈判。

考虑到亲和性对于谈判整合性的促进作用，本研究考虑，当谈判中的强势方具有较高的亲和性时,他们更有可能考虑对手的利益,并且乐于分享信息,倾听对方的观点,从而提高谈判小组的联合收益。在组织中的相关研究也表明,亲和性高的领导者能促进组织的公平和合作气氛,更有可能成为伦理性领导(Hurtz and Donovan, 2000; Mayer et al., 2007)。

以往的研究也发现,强势方的积极情感能够通过促进谈判者的信任从而提高整合性,而亲和性高的个体也具有很强的移情特征,因此亲和性也可能通过类似的机制来影响整合性。最后,亲和性还与亲社会/合作性的动机取向相关,而亲社会的倾向能提高谈判小组的联合收益(Deutsch, 1982)。因此,我们假设,强势方的亲和性将能够促进小组的联合收益,其机制是通过促进谈判者之间的信息分享。在权力不均衡谈判中,整合性差的一个重要原因是,权力不均衡导致权力大的一方倾向于索取价值而不是创造价值,妨碍了必要的信息分享(Anderson and Thomspon, 2004),而信息分享则是双赢的关键。亲和性的代表性特征是合作性,可能会导致强势者进行更多的信息分享,进而提高整合性。

综上所述,本研究提出如下假设:

假设 4a:在整合性谈判中,强势方的亲和性与在谈判中的信息分享行为成正相关。

假设 4b:在整合性谈判中,强势方的亲和性与谈判联合收益成正相关。

假设 4c:在整合性谈判中,强势方的信息分享行为在其亲和性和联合收益之间起到中介作用。

2. 传统性与联合收益

如上文所述,为了表征社会发展的特征,杨国枢等(1991)在提出现代性的同时,提出了"传统性"的概念来代表传统中国社会的核心特征。杨国枢认为,传统性有几个核心内涵,包括集体主义导向、家族导向、他人导向、关系导向,等等。传统性在人际互动或人与组织的关系中扮演重要角色,尤其是在存在权力差异的场合下。例如,研究者发现,文化传统性调节着组织公正与员工的组织公民行为之间的关系,也就是说,当员工具有较高的传统性时,组织公正将促使其表现出更多的组织公民行为,原因在于传统性高的个体对组织具有更高的责任感(Farh, Earley, and Lin, 1997)。类似的,传统性在知觉到的组织支持与工作结果的关系中也起到了调节作用,员工的传统性越高,主观支持感越能促进工作绩效(Farh, Hackett, and Liang, 2007)。若干研究发现,与权力距离相比,传统性能较好地解释中国文化的特征(Qian, et al., 2014; Spreitzer, Perttula, and Xin, 2005)。

具体到不均衡谈判中,传统性对谈判结果可能造成两方面的影响。一方面,在权威导向的驱动下,有权力的个体可能倾向于根据权力来进行价值分配,即提升自己的个人收益;另一方面,受到家族导向和关系导向的影响,当高传统性的谈判者占据权力优势时,他更有可能知觉到对谈判结果的责任、对双方福利的关注,因此可能采取合作导向。例如,研究者发现,集体主义文化的个体更容易采取亲社会的动机取向(Gelfand and Christakopoulou, 1999),而传统性与集体主义密切相关。研究者指出,中国领导者具有家长式领导的特点,而家长式又包含了仁慈的含义(Farh and Cheng, 2000)。Pillutla et al. (2007)发现,团队成员的传统性调节了团队内平均分配的意愿,传统性越强,越倾向于平均分配资源。当拥有权力的个体意识到与他人存在互相依存的关系时,就会产生社会责任感,以亲社会的方式来对待他人(Lammers, Stoker, and Stapel, 2009; Handgraaf et al., 2008)。Chen et al. (2001)发现,权力并不一定造成腐败或者个人一味攫取私利,特别是,如果权力持有者的社会价值取向为合作性的(而不是自利性的),他会更多地考虑对方,做出符合双方利益的决策。Spreitzer et al. (2005)认为,具有传统价值取向的领导者不仅关注维持等级秩序,还关注整体和谐,为了后者,甚至不惜牺牲绩效。同时,综合起来看,当强势谈判者具有传统性的特征时,可能更倾向于顾念对方,采取双赢的策略。

研究者发现,文化会影响人们交换信息的方式(Hall, 1976)。在美国这样低语境的文化中,人们使用较为直接的方式来交换信息,例如直接询问对方的需求;而在日本这样的高语境国家,人们采用隐晦的方式来交换信息,听者必须仔细地分辨对方话中的含义(Adair and Brett, 2004; Adair, Okumura, and Brett, 2001)。在谈判中,传统性高的中国人,在沟通上也可能具有高语境的特征,例如将谈判事项打包进行讨论,以此来推断对方的偏好,或者通过对方的出价来判断。通过这样的间接信息交换,谈判者可以较好地获知对方的利益排序,借此提高联合收益。

假设 5a:强势方的传统性与其在谈判中的间接信息交换行为成正相关。

假设 5b:强势方的传统性与谈判小组的联合收益成正相关。

假设 5c:强势方的间接信息交换行为在其传统性和小组联合收益之间起到中介作用。

二、研 究 方 法

1. 参加者和数据收集

上海某综合性大学的 196 名本科生参与了该次谈判。谈判练习是组织行为课的一部分。样本中包含 98 名女生、96 名男生,2 个样本未报告性别。参加者的平均年龄为 20.52 岁 (SD=0.76)。

2. 过程

在模拟谈判开始前,研究者随机抽取人事经理或工作申请人的角色。在活动开始后,参加者在 20 分钟之内阅读"一般信息"(阐述双方共有的信息,包括权力的操纵)和角色的"秘密信息"(角色独有的信息),然后填写"谈判前准备"问卷,问卷中的问题包括参加者对当前谈判的期望(目标)、对角色权力的判断等,以确保参加者完全理解了材料。

随后,每个参加者随机选择一名不同角色的参加者作为对手进行谈判。大约 30 分钟后,谈判结束。如果谈判者达成协议,则需要签署"谈判合同书",确定在每个事项上的协议方案。之后,参加者填写各自的"谈判后总结",回答有关谈判结果和过程的问题。最后,研究者向参加者讲述本次模拟谈判的实验条件,并就各组的谈判情况进行讨论和总结。

3. 谈判任务和操纵

该谈判任务是在经典谈判案例"新员工招聘谈判"(Neale,1997)的基础上稍加改编而成的。具体来说,模拟谈判在两个角色之间进行,一方是某公司的人事经理,另一方是来该公司求职的应届毕业生。谈判共有多个事项,包括薪酬、奖金、年假、保险事项、安家费、工作开始日期、部门、工作地点,等等。其中有 4 个整合性事项、2 个分配性事项(即双方的利益是完全相反的)、2 个协调性事项(即双方的利益是完全一致的)。谈判者需要在以上 8 个事项上达成一致,协议才告达成。如果未达成协议,双方的最终点数都将为零。

在谈判材料中,人事经理被设置成具有权力优势的一方。首先,人事经理有法定权力,因为其职位较高,可能会有申请人所需要的一些资源,如福利、假期等。其次,材料中提到,由于全球金融危机和经济衰退的影响,工作市场并不理想,该工作的申请人很多,这就意味着人事经理的备选方案可能较多。之前使用该案例的研究也表明,人事经理比申请人拥有更多的权力(Pinkley et al.,1994;Anderson and Thompson,2004)。

为了检查该操纵,在谈判前,参加者需要报告"你认为,在当前的谈判任务中哪一方(人事经理/申请人)拥有更大的权力"。在 196 名参加者中,163 人报告人事经理具有权力优势,而 26 人认为申请人有优势,7 人未报告。该结果表明,与之前使用该案例的研究一致,人事经理比申请人具有更大的权力。权力操纵是成功的。

4. 变量及测量

在该活动前的 9 个星期,研究者收集了被试的个体特征数据。

外向性:外向性量表是 Goldberg(1992)的大五人格量表中的一部分,包括

10组意义相反的形容词,如"无精打采—精力充沛""沉默寡言—健谈"等。在每一组形容词中,被试需要从1到6中选择一个数字,以表明更接近两个形容词中的哪一个。分数越高,外向性越高。该量表的内部一致性系数为0.90,表明信度良好。

亲和性:与外向性一致,亲和性也取自上述Goldberg(1992)的大五人格量表。该量表同样包括10组意义相反的形容词,如"不愿意合作的—愿意合作的""多疑的—易相信别人的"等。分数越高,亲和性越高。量表的内部一致性系数为0.76,表明信度是令人满意的。

个体传统性:本研究从"中国个体传统性量表"(杨国枢、余安邦、叶明华,1989)中选择了6道与个体传统性有关的题目。样题包括,"我认为要避免发生错误,最好的办法是听从长者的话",以及"我认为如果因事争执不下,应请辈分最高的人主持公道"。该量表的内部一致性系数为0.76,信度良好。

个体现代性:现代性的题目取自杨国枢等(1989)开发的"中国个体现代性量表",同样包括6道题目,例题包括"我认为政府首长犯了错,人民可以公开批评""我认为如果师长有错,学生应提出理由辩论"。该量表内部一致性系数为0.62。传统性和现代性均采用Likert 6点量表(1=完全不同意,6=完全同意)进行测量。

谈判者期望:在谈判前的问卷中,参加者报告了他们在该谈判中打算争取拿到多少点,用来表示谈判者的谈判前期望。

直接信息分享-信息寻求行为:鉴于之前的研究并未清楚地阐述怎样测量信息寻求行为,在本研究中,我们按照Brett and Okumura(1998)所给出的直接信息交换的定义,开发了"信息寻求行为"和"信息分享行为"的量表,前者侧重于对信息的收集和寻求,后者侧重于与对方分享信息。信息寻求行为包括3道题目,例如"我直接询问对方各个事项对他的相对重要性",题目详见附录4-1。在谈判后总结中,谈判者使用6点量表来评价自己的行为。该量表的内部一致性系数为0.78,显示出良好的信度。

直接信息交换-信息分享行为:信息分享行为同样也在谈判后测量,由谈判者自行报告。量表的题目包括"我直截了当地告诉了对方各个事项对我的相对重要性"等,共 3 道题,详见附录 4-1。该量表的内部一致性系数为 0.86。

间接信息交换行为:基于 Brett and Okumura(1998)对间接信息交换的描述,我们开发了间接信息交换行为量表。该量表包括 5 道题目,例如"我提出了交换性的提议,即在某个事项上让步以获得对方在另一个事项上对我让步"等,题目详见附录 4-1。该量表的内部一致性系数为 0.69。

谈判的经济结果:谈判结果包括谈判者每人的个体收益和谈判小组的联合收益,前者体现了单个谈判者价值索取的程度,后者则体现了价值创造。个体收益是采用谈判者在八个事项上获得的点数的相加之和,而联合收益是双方的个体收益之和。

三、结　　果

表 4-1 和表 4-2 分别显示了申请人和人事经理在各个变量上的均值、标准差以及相关关系。

1. 权力对个体收益的影响

首先,关于权力分配对个体收益的影响,ANOVA 表明,人事经理获得了比申请人更多的点数,分别为 9 223 和 7 924,$F(1\,194)=11.32, p<0.001$,表明权力确实决定着价值索取的结果,假设 1 得以成立。这与第三章的结果是一致的。

2. 弱势方的特征与个体收益

我们首先通过相关研究来验证第二组假设。对于弱势谈判者(申请人)而言,从表 4-1 中可以看出,申请人的外向性与其在谈判中的信息寻求行为成正相

表 4-1 各变量的均值、标准差和相关矩阵
（角色：申请人）

变量	均值	标准差	1	2	3	4	5	6	7	8	9
1 外向性	3.81	0.86	—								
2 亲和性	4.62	0.57	0.43**	—							
3 个体传统性	2.89	0.77	−0.20*	0.16	—						
4 个体现代性	4.88	0.57	0.18*	0.02	0.15	—					
5 谈判目标	13 588	2 752	0.19*	−0.07	−0.12	0.22*	—				
6 直接信息交换—信息寻求	3.53	1.26	0.20*	0.05	0.00	−0.08	−0.07	—			
7 直接信息交换—信息讨享	3.94	1.25	0.10	0.12	0.04	−0.05	−0.07	0.52**	—		
8 间接信息交换	4.17	0.86	−0.03	0.02	−0.13	0.17	−0.05	0.08	0.07	—	
9 个人收益	7 924	2 741	0.19*	−0.12	−0.03	0.20*	0.22*	0.23*	0.05	0.23*	—
10 联合收益	17 148	1 908	0.03	0.16	−0.11	0.14	0.20*	0.15	0.02	0.27**	0.38**

注：** $p<0.01$，* $p<0.05$；$N=98$。

表 4-2 各变量的均值、标准差和相关矩阵
（角色：人事经理）

	变量	均值	标准差	1	2	3	4	5	6	7	8	9
1	外向性	3.94	0.84	—								
2	亲和性	4.70	0.52	0.36**	—							
3	个人传统性	2.98	0.85	0.08	0.02	—						
4	个人现代性	4.84	0.68	−0.03	0.37**	0.07	—					
5	谈判目标	12050	3153	0.09	0.09	−0.07	0.01	—				
6	直接信息交换—信息寻求	4.04	1.11	−0.02	0.13	0.17	0.08	0.00	—			
7	直接信息交换—信息分享	3.41	1.35	−0.11	0.01	0.22*	0.06	0.01	0.52**	—		
8	间接信息交换	4.18	0.79	−0.04	0.12	0.20*	0.06	0.08	0.02	0.14	—	
9	个人收益	9223	2664	0.05	0.02	0.14	0.01	0.32**	0.01	−0.01	0.18	—
10	联合收益	17148	1908	−0.02	−0.02	0.24*	0.03	0.14	0.11	0.20*	0.44**	0.32**

注：** $p<0.01$，* $p<0.05$；$N=97$。

关,$r=0.20$,$p<0.05$,同时,外向性与其个体收益成正相关,$r=0.19$,$p<0.05$,假设 2a 和假设 2b 得以支持。

为了验证假设 2c 所主张的中介作用,我们使用 Baron and Kenny(1986)所建议的步骤来检查申请人的外向性。第一步,以申请人的信息寻求行为为因变量、外向性为自变量进行回归,结果为 $F(195)=4.06$,$p<0.05$,$R^2=0.04$,外向性的标准化系数为 0.20,$t=2.02$,$p<0.05$。第二步,以申请人的个体收益为因变量、以外向性为自变量,结果为 $F(196)=4.86$,$p<0.05$,$R^2=0.04$,外向性的标准化系数为 0.19,$t=1.94$,$p<0.05$。第三步,以申请人的个体收益为因变量,信息寻求行为为自变量,得出结果为 $F(195)=5.25$,$p<0.05$,$R^2=0.05$,信息寻求的标准化系数为 0.23,$t=2.29$,$p<0.05$。第四步,以申请人的个体收益为因变量,以外向性和信息寻求行为为自变量进行回归,模型的结果为 $F(294)=3.82$,$p<0.05$,$R^2=0.08$,外向性的标准化系数从 0.19 降为 0.15,$t=1.52$,$p>0.1$,即失去了预测效果,而信息寻求行为的标准化系数为 0.20,$t=1.95$,$p<0.05$。这说明,弱势谈判者的信息寻求行为在其外向性和个体收益之间起到了完全中介作用,假设 2c 得以成立。

从表 4-1 还可以看出,弱势谈判者(申请人)的现代性与其在谈判前的目标成正相关,$r=0.22$,$p<0.05$,假设 3a 得以成立;同时,申请人的现代性和个体收益也是正相关,$r=0.20$,$p<0.05$,该结果证实了假设 3b。

同样,使用逐步回归分析来验证谈判前目标的中介作用。第一步,以申请人的谈判前期望为因变量、现代性为自变量进行回归,结果为 $F(193)=4.86$,$p<0.05$,$R^2=0.05$,现代性的标准化系数为 0.22,$t=2.02$,$p<0.05$。第二步,以申请人的个体收益为因变量,以现代性为自变量,结果为 $F(196)=3.80$,$p<0.05$,$R^2=0.04$,现代性的标准化系数为 0.20,$t=1.95$,$p<0.05$。第三步,以申请人的个体收益为因变量,谈判前期望为自变量,得出结果为 $F(195)=4.57$,$p<0.05$,$R^2=0.05$,谈判前期望的标准化系数为 0.22,$t=2.14$,$p<0.05$。第四步,以申请人的个体收益为因变量,以现代性和谈判前期望为自变量进行回归,模型的结果为 $F(292)=3.55$,$p<0.05$,$R^2=0.07$,现代性的标准化系数从 0.20 降为 0.16,$t=1.57$,$p>0.1$,影响不再显著,而谈判前期望的标准化系数为 0.18,

$t=1.75$, $p=0.08$，呈边际显著。这个结果表明，弱势谈判者的谈判前期望在其现代性和个体收益之间起到了完全中介作用，假设 3c 成立，尽管是边际显著。

3. 强势方的特征与联合收益

对于权力较大的一方(人事经理)，如表 4-2 所示，尽管人事经理的信息分享行为与联合收益成正相关，但亲和性与联合收益、信息交换行为都没有显著相关，这表明假设 4a、假设 4b 和假设 4c 没有得到支持。之后我们将进行讨论。

从表 4-2 可以看出，人事经理的传统性得分与间接信息交换行为呈显著相关，$r=0.20$，$p<0.05$，假设 5a 得以成立。同时，人事经理的传统性和联合收益之间显著相关，$r=0.24$，$p<0.05$，假设 5b 也获得了支持。

为了验证假设 5c 所提出的中介效应，我们仍然使用了回归方式。第一步，以人事经理的间接信息交换为因变量，传统性为自变量进行回归，结果为 $F(193)=9.86$，$p<0.05$，$R^2=0.04$，传统性的标准化系数为 0.20，$t=1.97$，$p<0.05$。第二步，以联合收益为因变量，以传统性为自变量，结果为 $F(195)=5.73$，$p<0.05$，$R^2=0.06$，传统性的标准化系数为 0.24，$t=2.40$，$p<0.05$。第三步，以联合收益为因变量、间接信息交换为自变量，得出结果为 $F(194)=3.10$，$p=0.08$，$R^2=0.03$，间接信息交换的标准化系数为 0.18，$t=1.76$，$p=0.08$。第四步，以联合收益为因变量，以传统性和间接信息交换为自变量进行回归，模型的结果为 $F(294)=4.07$，$p<0.05$，$R^2=0.08$，传统性的标准化系数从 0.20 降为 -0.07，$t=-0.67$，$p>0.1$，影响不再显著，而间接信息交换的标准化系数为 0.27，$t=2.66$，$p<0.01$。这说明，人事经理的间接信息交换行为在其传统性和联合收益之间起到了完全中介作用，假设 5c 得到了支持。

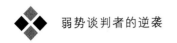

四、总　　结

1. 讨论与结论

尽管以往的研究发现谈判者之间的权力对比将影响谈判的过程和结果,但很少有研究者考虑怎样才能突破权力的影响。本研究尝试从谈判者个体特征的角度,考察在不均衡谈判中,谈判者的特征(性格和文化价值观)对价值索取和价值创造的影响。具体来说,本研究利用一个发生在公司人事经理和工作申请人之间的模拟谈判,首先验证了谈判中权力较大的一方(即人事经理)比权力较小的一方(即申请人)获得了更高的个人收益。其次,研究发现,对于申请人一方,其现代性越高,个体收益越高,并且申请人在谈判前确立的谈判目标在现代性和个体收益之间起到了中介作用;申请人的外向性与其个体收益也成正相关,其中信息寻求行为在其外向性和个体收益之间起到了中介作用。另外,对于人事经理一方,其传统性越高,其所在的谈判小组的联合收益也越高,其中,人事经理的间接信息分享行为在其传统性和联合收益之间起到了中介作用。

从表 4-2 可以看出,假设 2a 并没有得到支持,结果显示人事经理的亲和性与联合收益之间并无显著相关,这与之前对积极情感的研究并不一致(Anderson and Thompson, 2004)。这个结果表明,一个热心肠、随和的人可能会关注谈判对手的利益,但是有效的信息交换才是把饼做大的关键。在本研究中,尽管信息分享和间接信息交换均能预测联合收益,但是亲和性与直接信息交换(信息寻求和信息分享)和间接信息交换均不相关(见表 4-2),这可能是亲和性无法带来双赢的关键。Anderson and Thompson(2004)认为,积极情感的作用在于让对方觉得有信任感,但另外一种机制可能在于积极情感激发了谈判者自己的创造力,是发生在自我层面的效应。本研究关于亲和性的发现,在一定程度上支持了 Barry and Friedman(1998)的研究结果,表明在整合式谈判中,亲和性扮演的角色是多方面的。

2. 不足之处和未来的研究

本研究尚存在一些不足之处。首先,按照本研究的逻辑,占有权力优势的高传统性的谈判者更有可能持有合作性的动机取向,然而,我们未能在谈判前测量,未来的研究需要进一步澄清这一点。其次,有关信息交换的量表是根据本研究的要求而开发的,尽管该量表展示了良好的内部一致性,但未来仍然应使用标准步骤来测量。除此之外,信息交换的行为是在谈判后测量的,谈判结果可能会影响到谈判者对策略的评估,在未来的研究中,应该考虑使用视频的手段来记录这些行为,以提高概念的效度。

在未来的研究中,我们还需要考察弱者的现代性是否存在多方面的影响,例如除了通过谈判前期望,是否还倾向于使用更多的竞争策略,从而提高个体收益。

3. 理论意义和现实意义

本研究有多重理论和现实含义。

第一,扩展了当前对谈判中有关权力的研究。以往的研究主要针对权力影响的主效应,很少关注调节效应,本研究首次从谈判者的角度考察可能的影响因素。另外,本研究表明强势方和弱势方是在通过不同的方式影响谈判。就我们所知,之前并没有研究考虑弱者如何改善处境、提高个体收益;当前的研究表明,高外向性或现代性的谈判者能够为自己索取更多的价值,表明居于权力劣势的某些谈判者能够打破权力的束缚,这与实际生活中的观察是相符的。而且,对于谈判的整合性结果而言,过去的研究表明,只有弱势一方才有动机提高联合收益(Kim, 1997; Larson, 2003),本研究表明,传统性高的强势谈判者也能够提高整合性的收益,这与 Anderson and Thompson(2004)的研究是一致的,也就是说,强势一方的特征能够更好地预测联合收益。

第二,本研究有助于我们了解个性特征在谈判(尤其是不均衡谈判)中的影响。在谈判领域,尽管权力和个性特征都已经得到广泛研究,但两者的交互作用却没有得到系统的关注。关于大五人格中的外向性,尽管大五人格被认为是最有力的性格特征划分,但除了少数研究(Barry and Friedman,1998),很少有关于谈判的研究系统地考察大五人格的影响。本研究发现,外向的谈判者擅长与谈判对手进行沟通,这对谈判者是一把双刃剑:一方面,他们可能轻易泄露有关底价或者优先事项的信息,因此会对收益有负面影响;另一方面,在不均衡谈判中,外向者能够较为轻松地处理复杂的人际关系,建立与强势方的信任感,获取关键信息,从而为自己争取更多的谈判份额。另外,外向者通常表现出较高的自信,这可能会改变对方对权力对比的判断,未来的研究可以考虑对此进行验证。本研究也促进了对亲和性的认识。亲和性可能意味着移情,意味着能够体谅对方的处境,从而愿意让步,但亲和性并不一定会促进信息分享。

第三,本研究尝试考察谈判者的文化价值观在不均衡谈判中的影响。我们选择了个体传统性和现代性作为研究重点,而不是个体主义与集体主义或者自我建构等更常见的文化价值观。就我们所知,这是传统性和现代性首次应用到谈判情境,从一个新的视角推进了对文化的理解。

第四,也是值得注意的一点是,本研究考察了弱势者的两个特征,即外向性和现代性,而这两项特征影响联合收益的路径有所不同。具体来说,现代性的影响机制主要是自我激励,也就是说,是自我的,现代性高的谈判者倾向于树立较高的目标;而外向性更可能在人际层面发挥作用,具体来说,外向者能让谈判对手透露更多的信息,因此,人事经理获得了较少的收益。其中的一个证据是,申请人的外向性与人事经理成边际相关,$r=-0.18$,$p=0.07$,而现代性则与对手的收益无关。

除了理论意义,本研究对于从事谈判的人们来说,至少有两层含义。第一,如果组织在一场谈判中居于劣势,应该选取那些外向性高或者现代性高的个体;第二,如果权力大的一方出于某种原因希望提高联合收益,那么传统性高的谈判者将是一个好的选择。

附录 4-1

1. 直接信息分享-信息寻求行为

① 我直接询问对方在各个事项上的利益诉求。
② 我直接询问对方各个事项对他的相对重要性。
③ 我直接询问对方对各个事项的偏好程度。

2. 直接信息交换-信息分享行为

① 我直截了当地告诉了对方我在各个事项上的利益诉求。
② 我直截了当地告诉了对方各个事项对我的相对重要性。
③ 我直截了当地告诉了对方我对各个事项的不同偏好。

3. 间接信息交换行为

① 我提出了交换性的提议,即在某个事项上让步以获得对方在另一个事项上对我让步。
② 我向对方提供了多个解决方案,以供对方选择。
③ 我与对方讨论了多个解决方案。
④ 我与对方采用了一揽子谈判的方式,即一次商谈多个事项。
⑤ 我与对方针对各个事项逐项商谈,即谈完了一个事项再谈下一个事项(反向计分)。

第五章　战略型谦抑风格：弱者的诡谲

前文谈到，在文化的影响下，中国谈判者具有这样一些特点，包括重视表面和谐、避免直接对峙等，而且当中国谈判者居于劣势时，这些特征有可能会被放大。为了应对这种情境，有的谈判者发展出某种以谋略为基础的特定谈判风格。本章结合中国谈判者的特征，探讨了一种外在谦抑内在进取式的风格——战略型谦抑。

一、背　　景

（一）动机取向与谋略

在针对谈判风格的研究中，许多研究者是从动机或者行为的角度来划分的，并且假设动机与行为是一致的，例如持有亲社会动机的谈判者将在谈判中使用合作性的策略。然而，实际上，这种一致性过于简化了现实生活中的谈判，在真实的谈判中，谈判者的外在表现与内在动机并非是完全一致的（Steinel, Van Kleef, and Harinck, 2008），中国谈判者可能尤为如此。

第五章 战略型谦抑风格：弱者的诡谲

由于集体主义价值观通常不主张正面交锋，更重视间接影响，而间接影响的一条途径就是谋略（Adair et al.，2001），因此中国谈判者往往把谈判比作"没有硝烟的战争"，重点在于斗智。《孙子兵法》中提道：

> 是故百战百胜，非善之善也；不战而屈人之兵，善之善者也。故上兵伐谋，其次伐交，其次伐兵，其下攻城。攻城之法，为不得已。

也就是说，谋略比武力厮杀更重要。《孙子兵法》《三十六计》《墨子》《战国策》等古籍为中国谈判者提供了谋略的源泉。美国学者Pye（1986）是中国商业谈判的最早研究者之一，他指出中国人在技术和产业组织方面可能比美国落后，但是数个世纪以来，中国人在谈判谋略方面几乎无人能敌，如果以中国人在谈判桌上表现出来的努力和技巧来衡量的话，美国的管理者远远落在后面。Faure（1999）分析道，中国人在谈判中自始至终贯穿着智谋，比如让步是为了"抛砖引玉"，要求谈判在中国进行是为了"调虎离山"，恐吓对方常采用"杀鸡给猴看"的办法。

对于中国的谈判风格，基辛格曾有过这样的评价：

> 在陷于冲突时，中国绝少会孤注一掷，而依靠多年形成的战略思想更符合他们的风格。西方的传统推崇决战决胜，强调英雄壮举，而中国的理念强调巧用计谋及迂回策略，耐心累积相对优势。①

在《三十六计》中，可以发现很多计谋都强调了外在表现与内在动机的不一致，例如：

"胜战计"：瞒天过海、围魏救赵、声东击西；
"敌战计"：无中生有、暗度陈仓、笑里藏刀、李代桃僵；
"攻战计"：调虎离山、欲擒故纵；

---

① 〔美〕亨利·基辛格. 论中国[M]. 胡利平等译. 北京：中信出版社，2012，第18页。

"并战计":假痴不癫;

"败战计":美人计。

当己方实力较弱时,更需要注意策略。田忌赛马就是一个运用谋略从而以弱胜强的经典例子。田忌与齐威王赛马,屡屡落败,孙膑为其出谋划策,避开对手的锋芒,集结自己的优势来攻击对方的软肋,成功地扭转了形势。鉴于此,本研究将尝试从战略型谦抑的角度,来探索这种表面谦抑、实则利己的风格对谈判过程和结果的影响。

(二)谈判者的困境:被喜欢还是被惧怕?

由于谈判的主体是谈判者,为了达成协议,双方往往要进行密切的接触和深入的沟通,因此,对对方的好感度、信任、日后交往的意愿等也是谈判是否成功的重要考察指标(Thompson, 1990;Thompson, Wang, and Gunia, 2010)。

从进化生理学的角度来看,人们在评价人际交往对象的时候,实际上面临的是两个关键的生存问题,即,首先,这个人会伤害我还是帮助我?其次,这个人是否有能力实现上述意图。基于此,研究者(Asch, 1946;Fiske and Taylor, 1991;Fiske, Cuddy, and Glick, 2007)提出了社会判断的两个核心标准,即人际温暖和能力两个维度,前者包含无私、真诚、包容等特性,后者包含独立、野心、主宰等特征。按照这两个维度,当个体既表现出能力又能让对方如沐春风时,人们给予他的评价最高。

如果将上述的评价标准应用到谈判情境下,作为谈判主体的谈判者却常常面临进退两难的困境。由于谈判中常常包含着大量的冲突,双方的利益大多数时候是高度对立的,因此,作为被评价者,维持人际温暖和保持竞争性便常常是互斥的。例如,研究者发现,如果谈判者在大五人格中的亲和性维度上得分较高,那么其在某些类型的谈判中的收益便较差(Barry and Friedman, 1998);另一方面,发怒的谈判者被视作更有能力,也能获得更好的收益(Sinaceur and Tiedens, 2006),但对方却较不喜欢他(Kopleman, Rosette, and Thompson,

2006)。

对受到集体主义文化影响的中国谈判者而言,这种困境尤为严重。正如第二章所言,许多研究指出,集体主义文化的重要特征是注重和谐与面子、鼓励合作、依赖自我(independent self)等(Hofstede, 1980; Triandis, 1995; Markus and Kitayama, 1991; 杨国枢, 2004)。然而,谈判是一项威胁面子的活动,谈判意味着要从对方手中获取资源(物质、权力等),更何况谈判双方常常会陷于争吵和互相攻击。在这样的文化背景下,冲突被视为是破坏性的,因此人们通常尽量避免将冲突公开化(Morris et al., 1998)。同时,研究者发现,在集体主义文化以及互赖性高的情境下,人们在人际交往时更看重人际温暖,而个体主义文化以及互赖性低的环境更看重能力(Wojciszke, 1997)。这些都凸显了谈判者的这种困境。

(三) 怎样应对这种困境:战略型谦抑

可以看出,在一定程度上,谈判的图式与人际交往的图式尤其是集体主义文化下人际交往的图式是相冲突的。面临这种图式的冲突,有的谈判者选择自我增强(self-enhancement)策略,在谈判中表现为强调己方的优势、攻击对方的劣势、威胁对方等,以获得更大的利益,正如马基雅维利所说,"被人畏惧比受人爱戴安全得多"(《君主论》,第17章),从结果上看,自我增强有助于提高己方的竞争力,但对方对己方的喜爱程度可能会下降。与之不同的是,有的谈判者,尤其是受集体主义文化影响的谈判者,在应对这种困境时,试图将冲突的关系/情感因素与任务/智力因素分开,选择自我谦抑(self-effacement)策略发展出一种外表谦抑实则进取的谈判方式,即从沟通方式上表现为谦逊、友好、礼貌,甚至自我贬低,但是从动机上依然是利己的、富于竞争性的。

从谈判的国家层面上看,中国的外交风格在一定程度上即体现了战略型谦抑。在沟通态度方面,外交领域的奠基者周恩来最早提出的外交方针为"彬彬有礼,不卑不亢",联合国第二任秘书长哈马舍尔德曾说,与周恩来相比,其他人简直就是野蛮人,这凸显了中国谈判风格中注重和谐、强调礼貌的一面,不主张使用激烈的、咄咄逼人的手段,倾向于维持谦谦君子的形象。一个例子是,在 1862 年曾国藩给李鸿章的书信中,前者教导后者应把内敛这一儒家的基本价值观作为一个外交手段,用来应对西方列强(Teng and Fairbank, 1979):

> 与洋人交际,丰裁不宜过峻,宜带浑含气象。渠之欺侮诡谲蔑视一切,吾若知之,若不知之,恍如有几分痴气者,亦善处之道也。

然而,从任务角度来看,战略型谦抑的谈判者又是利己的、绝不轻易退让的。在中美建交过程中,中国坚守"一个中国"立场就是一个很好的例子。1861 年,在英国与清政府的冲突中,主政的恭亲王奕䜣主张"以和好为权宜,以战守为实事"(Teng and Fairbank, 1979),即反映了这种内在动机与外在表现的不一致。

在个体层面上,中国文化历来有"守拙"的传统,赞赏"大直若屈,大巧若拙,大辩若讷"(《老子》,第 45 章)、"才华须韫"(《菜根谭》,处世篇),即主张内敛甚至自我贬低,以获得对方的支持和同情,更重要的是,让对方放弃认知警惕,降低认知动机(Kruglanski,1989;De Dreu and Carnevale, 2003)。一名谈判者这样描述他的谈判对手[①]:

> 对方派来的是一小姑娘,总是笑眯眯的,而且商量的语气也很平和,她说她是新手,什么都不懂,但她一直提出各类要求,始终面带微笑地要求更多的附加项目,让我在情面上较难拒绝她的要求(我都这么友善了,你还不答应?)。后来我觉得这小姑娘真牛。

[①] 内容来自研究者对某企业中层管理人员的前期访谈。

二、理 论 分 析

（一）自我谦抑

普遍而言，大多数情境下、大多数人对自己拥有正面的、积极的评价，认为自己的表现高于平均水平(Taylor and Brown, 1988)。然而，研究者发现，在某些文化(如亚洲文化)下，人们在自我评价时常表现出一种自我批评(self-critical)的特征。例如，Heine and Lehman(1999)比较了欧洲裔的加拿大人、亚裔加拿大人和亚洲人，发现只有欧洲裔加拿大人认为自己优于平均水平，而亚洲人则表现出一种自我谦抑的趋势，认为自己不如其他人有能力。原因在于，在集体主义文化下，人们的自我表现为依赖自我而不是独立自我(Markus and Kitayama, 1991)，这意味着个体应与他人和睦相处，同时他人的评价对自我来说非常重要。在这种依赖自我、关系取向和他人取向的影响下(杨国枢，2004)，人们被鼓励去适应环境和他人，而为了加快这种适应的过程，东亚人倾向于强调自己的缺点，弱化自己的优点，以减少相处时的冲突。如果个体强调自我比他人优秀的特性，就会被认为是对和谐的破坏。研究者发现，美国的父母通常鼓励子女进行自我强化，对他们的突出表现予以表扬，对他们的优秀的品质予以肯定，然而日本的父母则要求子女忽略自己的独特性和优点，否则其将无法与集体相融合(Markus, Kitayama, and Heiman, 1996)。中国的俗语"峣峣者易缺，皎皎者易污""木秀于林，风必摧之""枪打出头鸟"等都体现了这种观念。

谦虚意味着要有意去隐藏自己的才能。研究者指出，日本的教师通常被要求向学生强调他们的缺点和不足，并鼓励学生多进行自我批评(Heine, Lehman, Markus, and Kitayama. 1999)。从中国传统价值观来看，《老子》中曾提到"大直若屈，大巧若拙，大辩若讷"；《红楼梦》中评价薛宝钗"罕言寡语，人谓装愚；安分随时，自云守拙"；《菜根谭》则主张"抱朴守拙，涉世之道""智者宜不炫耀""才华须韫",等等;颜渊说,"愿无伐善,无施劳",指的是我愿意不夸饰自己的长处,不宣扬自己的功劳。

综合看来,对于亚洲人来说,谦虚是一种有助于维持和谐的可贵品质,也是一种重要的印象管理手段。例如研究者发现,当中国个体表现出谦虚时,与自我强化的个体相比,在受喜爱程度上得分更高(Bond, Leung, and Wan, 1982)。

(二)战略型谦抑:文化与情境双重影响的后果

谈判作为一种特殊的人际交往形式,自我谦抑在其中如何发挥作用呢? Yamagishi et al. (2012)认为,对于日本人来说,谦抑是一种缺省战略(default strategy),但考虑到谈判是一种强情境(strong situation),有的谈判者可能会调整自我,摒弃谦抑,转向自我强化,采用竞争性谈判策略,而有的谈判者则会考虑文化和谈判的双重影响,选择谦抑风格。

值得注意的是,Leung et al. (2002)发展了和谐的双重动机模型,该模型主张,有的个体将和谐作为一种价值观,其动机是促进和谐,有的个体则是把和谐作为利益手段来使用,其动机是避免破裂。按照该模型,当人们采用谦抑风格时,可能是缘于个体秉承强烈的和谐价值观(即"价值和谐"),或者是个体预计到谦抑能带来可见的好处(即"工具和谐")。比如当谈判对手的认知资源较少时,更容易落入战略型谦抑的圈套。对于后一种谈判风格,我们称之为"战略型谦抑"。战略型谦抑是指谈判者将谦抑策略作为一种手段,在谈判中表现出谦虚的态度,然而社会动机是利己性的而不是亲社会性的。

(三)战略型谦抑怎样发挥作用?

战略型谦抑有助于个体收益的主要原因在于,谦抑的态度让对方对谈判形势和谈判者产生误判,从而改变了认知动机和社会动机。

《孙子兵法》中的"计篇"提到,"兵者,诡道也。故能而示之不能,用而示之不用,近而示之远,远而示之近。利而诱之,乱而取之,实而备之,强而避之,怒而挠之,卑而骄之,佚而劳之,亲而离之。攻其无备,出其不意"。《孙子兵法》的这个章节阐述了种种迷惑敌人的手段,例如有一定实力的时候却假装软弱无能,在打算出征的时候却假装没有这个意图,准备进攻近处的目标时却假装要针对远处,或者准备远征时却假装对附近的目标感兴趣,即声东击西,等等,总之,要攻击对方没有准备的地方,以达到出其不意的目的。

动机性信息处理模型(De Dreu and Carnevale,2003)有助于理解这个作用机制。该模型主张,在谈判以及其他决策中,个体的信息处理依赖于两种动机,分别为社会动机和认知动机。正如前文所述,社会动机能够影响谈判中信息的共享,与利己者相比,持有亲社会动机的个体更倾向于分享信息。认知动机则是指个体去努力寻求和掌握准确信息的意愿(Kruglanski, 1989)。认知动机较高的个体愿意去搜寻更多更准确的信息,并予以评估和整合,能更好地处理复杂问题;认知动机较低的个体浅尝辄止,满足于浅层次的信息收集和分析。认知动机在谈判情境下尤其重要(Bazerman et al., 2000),原因在于,谈判具有高度模糊性和不确定性,双方都面临着高度的信息不对称,谈判者对对方的底线、目标、备选方案、利益侧重点、时间压力等信息都无法做到充分了解,鉴于此,谈判的一个挑战是尽量去搜寻相关信息,并予以缜密的处理,这样才能促进自己的收益和协议的整合性。因此,较高的认知动机能提高信息的加工过程。

当谈判者采用战略型谦抑风格时,对手一方面存在"轻敌"心态,从而降低了认知动机,另一方面为谈判者的谦抑和礼貌所迷惑,将谈判者更多地定义为合作伙伴而不是敌对方,从而提高了亲社会动机,导致更多的信息泄露和让步。

(四)战略型谦抑的特征

基于前期的理论回顾和案例分析,本研究主张,当谈判者出于某种动机采用战略型谦抑风格时,可能表现出如下一些特征:

第一,在谈判中表现出谦虚甚至自我贬低的态度,例如强调自己缺少相关经验,采用无权威感(powerless)的谈话方式①,称赞对方。

这种策略具有以下几个作用:首先,谦抑的策略符合集体主义文化下的人际交往规范,有助于维持和睦的人际关系。当谈判敌手被诱发亲社会动机时,倾向于进行更多的信息分享,从而有助于谈判者的利益。其次,在谈判中,有时适当示弱也能提高个体收益,例如,在Lelieveld et al. (2013)的研究中,当谈判双方是内群体成员(同属一所大学而不是外校)时,软弱的谈判者能引发谈判对手的内疚,给出更慷慨的出价。最后,也是更重要的是,由于谦抑的态度不符合谈判者对谈判的图式(如剑拔弩张、针锋相对等),从而能够使谈判对手减少警惕,降低认知努力(Kruglanski and Webster, 1991)。Fiske(1993)也指出,在人际交往中,权力较大的一方往往对对方付出的注意力较少,在认知上更为简单。

当基辛格提到他在哈佛大学任教期间让学生读《毛泽东选集》时,毛泽东回应道"我写的书不值得一提,没有什么教育意义",并且说"我读的书很少。我对美国了解得不多。我得请你派些老师来中国,主要是历史和地理老师"。②

类似的例子还包括,在1971年中美的首次接触中,周恩来谦逊地表示:

> 我们是太平洋两边的两个国家。你们有200年的历史,我们创立中华人民共和国只有22年,因此我们比你们年轻。至于我们的古文明,每个国家都有,美国和墨西哥有印第安人,南美洲有比中国还古老的印加帝国。③

谈判专家张祥曾经谈到过,在早期的国际谈判中,有些谈判者缺乏经验,结果很容易掉入外方的圈套:

> 有些谈判者自以为是,被对方"捧杀",所谓"长期、一贯为双边经贸关系做出贡献""……的好朋友""智慧的谈判者"云云,弄得自尊心膨胀、晕晕乎

---

① 指在谈话中使用停顿、语助词等。Fragale(2006)指出,当个体使用无权威感的谈话方式时,比起使用权威感的谈话方式,将被对方视为更友好、更讨人喜欢、更有教养。
② 郑华. 首脑外交:中美领导人谈判的话语分析(1969—1972)[M]. 上海:上海人民出版社,2008,第218页.
③ 〔美〕亨利·基辛格. 论中国[M]. 胡利平等译. 北京:中信出版社,2012,第241页.

乎地同意对方的方案。而此后,又以"我已经答应了""中国人讲话是算数的……"等死要面子活受罪的做法,回过头来压己方接受对己方不利的方案。①

第二,礼貌周全,让对方感到充分的尊重。

谈判是一项威胁脸面的行动,谈判者往往不得不用语言攻击对方、否定对方,甚至威胁对方,等等。然而,按照礼貌理论,礼貌能在人际交往中起到弱化威胁的功能(Brown and Levinson,1987;Morand, 2000)。在谈判中,礼貌常常伴随着对谈判对手的周到接待。这种接待一方面让对方感觉到友好,另一方面又有其隐晦的目的——让对手分散精力,减少用于谈判的认知资源,降低认知动机。在中美建交首轮谈判时,中方对美方的人员礼貌有加,基辛格回忆道:

> 我们这个代表团还在伊斯兰堡,尚未到达北京之时,就已经受到了中方的礼遇。中方竟然派了几位讲英语的中国外交官到巴基斯坦来陪我们,让我们在飞往一个陌生国度、长达5小时的飞行途中能减缓紧张情绪。……周恩来亲自来看望我们,这真是莫大的礼遇。根据外交程序,东道国一般会在政府大楼里接待来访的代表团,特别是如果双方负责人的头衔差距这么大,更应如此(我这个国家安全事务助理的头衔相当于副部长,比周总理低了3级)。②

在1979年邓小平与基辛格的谈判中,邓小平依然安排美方代表团人员在"漂亮的钓鱼台宾馆"下榻。像周恩来一样,邓小平招待外宾的方式让基辛格半开玩笑地说自己来自一个在待客方面欠发达的国家。

受到关系取向的影响,中国谈判者非常重视各种礼仪。"有朋自远方来,不亦说乎",中国的社会规范认为主人应极尽地主之谊,包括隆重的欢迎仪式、丰盛的宴席、参观当地的风景名胜、赠送礼物,等等。例如对于来到北京的国外谈判

---

① 张祥. 文化软实力与国际谈判[M]. 北京:社会科学文献出版社,2013,第95页。
② 〔美〕亨利·基辛格. 论中国[M]. 胡利平等译. 北京:中信出版社,2012,第232—233页。

者,吃烤鸭、喝茅台、逛颐和园、看大熊猫往往是在谈判前要参加的重头戏。1972年2月尼克松访华时,周恩来在接待晚宴上向尼克松夫人表示将赠送给美国一对大熊猫,让美方吃了一惊,当时的《纽约时报》评论道,"周恩来真是摸透了美国人的心思",《华盛顿邮报》也评论道,"周恩来通过可爱的熊猫一下子就把美国人的心征服了"。另外,在尼克松访华期间,按照计划,尼克松一行将去长城游览,但由于北京突降大雪,按照周恩来的指示,我方连夜组织了十几万人(另传几十万人)清理从钓鱼台到烽火台路上的积雪,让尼克松颇为惊喜。

当谈判者居于弱势时,战略型谦抑者更倾向于运用这种策略。这些行为首先可以起到润滑剂的作用,体现待客之道,巩固情感信任,酒席往往也可以冲淡生意中的肃杀之气。其次,俗话说"酒后吐真言",谈判者期待着能够在非正式的场合增加对对方的了解,获得更多的信息,更重要的是,在双方言笑晏晏、觥筹交错中,也隐含着希望对方放松警惕的意图。从研究上看,研究者曾统计了三种情境下的谈判,分别是会议室/无食物、会议室/有食物、餐馆/有食物,发现后两种情境下达成的协议规模差不多,但都远高于第一种情境。① 这表明非正式场合或者哪怕提供餐点、饮料,也有助于人们增进了解、促进合作。

Ghauri and Fang(2001)认为,《三十六计》中的"美人计"其实就体现了要利用友谊和热情招待让对方放松警惕的意图,而"笑里藏刀"也意味着笑脸相迎的目的是趁人不备,获取自己的利益。从历史上看,汉代的大臣贾谊也曾提出过"五饵"政策以管理中国西北部的匈奴:

> 赐之盛服车乘以坏其目;赐之盛食珍味以坏其口;赐之音乐妇人以坏其耳;赐之高堂邃宇府库奴婢以坏其腹;于来降者,以上召幸之,相娱乐,亲酌而手食之,以坏其心:此五饵也。②

第三,致力于建立与谈判对手的亲密感,包括在谈判前和谈判间歇进行适度的自我展露和闲聊,以建立与对手之间的和睦关系。

---

① https://hbr.org/2013/01/should-you-eat-while-you-negot/
② 汉书·贾谊列传[M].

这样做的目的是影响对方对冲突框架(conflict frame)的理解,从"取胜"的图式转向"互相妥协"的图式,从而促使对方采用合作型的策略。在中美建交谈判时,周恩来要求外交部门对美方人员进行了细致的调查:

> 站在基辛格旁边的是霍尔德里奇,周恩来握着他的手说:"我知道,你会讲北京话,还会广东话,广东话连我都讲不好,你在香港学的吧?"下一个是斯迈泽,"我读过你在《外交季刊》上发表的关于日本的文章,希望你也写一篇关于中国的"。轮到洛德,周恩来说:"你的中文应该学得不错,你的上海夫人一定教你不少中文。我知道她在写小说,我愿意读到她的书,欢迎她回来访问。"①

基辛格对此曾有过这样的评价:

> 其实,这种外交风格更接近于传统的中国外交风格,而不是像我们在跟其他共产党国家谈判时所熟悉的那种教条作风。中国历史上,政治上一贯把好客、礼节以及精心培养的个人关系作为治国手段。这样的外交风格非常适合用于对付中国历史上的外患,以保护非游牧民族的农耕文化。中国周边的各民族如果联合起来,其军事力量可以超过中国,而中国之所以能生存下来,并且总的来说占了上风,正是因为他们奖罚并用,分寸的把握也十分精准。他们不但深谙此道,还以灿烂的文化取胜。这样的背景下,好客成了一种战略。②
>
> ……(中国共产党领导人)让对方为以"老朋友"的身份进入中国"俱乐部"而深感荣幸,这样就使对方难以表达不同意见,也拉不下面子与自己对抗。③

在情绪上,谈判者倾向于战略性地使用积极情绪和消极情绪,积极情绪如展

---

① 李菁.基辛格的波罗行动.三联生活周刊,第511期.
② 〔美〕亨利·基辛格.论中国[M].胡利平等译.北京:中信出版社,2012,第232页.
③ 同上书,第239页.

示微笑、幽默等,消极情绪包括展现忧伤、失望等。正如前文所述,积极情绪能够促进合作策略的使用,减少竞争性策略的使用(Carnevale and Isen, 1986)。积极情绪能够传染给对方,让对方也展现好情绪(Hatfield, Cacioppo, and Rapson, 1994),从而创造和谐的谈判气氛;同时,当对方被感染到积极情绪后,在决策上会依赖启发式思考,导致思考可能会浅尝辄止(Lyubomirsky, King, and Diener, 2005;Van Kleef and De Dreu, 2010),这也妨碍了认知动机的提高。另外,忧伤、失望等消极情绪的展现也有助于提高谈判者的个体收益,尤其是当谈判双方有共享的身份时(Lelieveld et al., 2013)。

第四,在谈判中采用非威胁性的竞争策略,包括坚守立场、较少让步、展现出较高的耐心等。

在前文有关动机的研究中提到,当谈判者持有利己性动机时,常常会采用竞争策略,其中有些是具有威胁性的,例如发怒、人身攻击、威胁退场等,而另外一些则是非威胁性的,如讨价还价、坚守立场、拒不退让,等等。由于战略型谦抑者看重礼貌,因此不会采用威胁性手段,但在立场上却不放松,不急于做出让步,表现出了"对事不对人"的特点。

有研究者指出,在面临强势对手时,中国历史上的一个传统做法是"运动战"(mobile warfare,或称游击战),该战术的策略包括车轮战、疲劳战等,即通过多番人马上阵,让客场谈判的外方疲惫不堪,或者就同一个问题反复提问,等等(Faure,1999)。这个策略可以让谈判者在不直接冲突的情况下损耗对手的实力。另外,即使面临较高的时间压力,战略型谦抑者也常常表现出极大的耐心和忍耐力。基辛格在《论中国》中有过几次描述:

> 谈判陷入僵局不会影响他们的情绪,他们把僵局视为外交上不可避免的一种机制。……他们也很耐心,用长远观点来对付急躁的谈判对手,认为时间对他们有利。[①]
>
> 在隔绝了二十多年后,他们并不急于立即就达成实质性的协定。我们原定在北京停留的时间大约是48小时,不能延长,因为我们得去巴黎谈越

---

① 〔美〕亨利·基辛格. 论中国[M]. 胡利平等译. 北京:中信出版社,2012,第215页.

南问题。我们是乘坐巴基斯坦总统专机来北京的,而我们也无法控制专机的时间安排。……可以说,中方如此潇洒的态度给了我们一种心理压力,如果我们无功而返,尼克松当然会大丢面子。①

这种耐心与中国文化中的长期导向(Hofstede,1980)有关。第二章曾提到,中国古代有很多故事,主题内容都是主人公通过忍辱负重或长期的坚持,最终取得了想要的成果,例如"卧薪尝胆""愚公移山""精卫填海"等。人们赞赏大器晚成更胜于早慧,例如人们有"小时聪明,大时了了"的说法。西方研究者以二万五千里长征为例,认为由于中国人能吃苦、能隐忍,因此在谈判中可以锲而不舍地坚持很长时间(Graham and Lam,2003),认为"笑到最后才是笑得最好的"。20世纪80年代,邓小平提出了我国外交的十六字方针"冷静观察、沉着应付、韬光养晦、有所作为",该方针一直指导着外交实践,体现了耐心和长期导向。

第五,在界定谈判情境时尽量淡化对抗意味。

(1) 对谈判本身的界定

谈判者是否愿意发起谈判,以及怎样界定谈判和谈判对手,也是近年来博弈论研究和谈判研究的一个重点(Liberman, Samuels, and Ross,2004;Small et al.,2007)。研究者发现,在囚徒博弈中,在支付矩阵相同的情况下,当博弈的名字被叫作"华尔街游戏"(Wall Street game)时,与"社团游戏"(community game)相比,人们在前者中更容易背叛对方(Liberman et al.,2004),原因在于前者唤起了人们与华尔街相关的图式,如尔虞我诈等。同时,Small et al.(2007)考察了性别与发起薪酬谈判的意愿的关系,发现当薪酬谈判被冠以"询问"(asking)而不是"谈判"(negotiating)的时候,女性的畏惧感较少,更乐于发起"询问"。这说明,对谈判情境的界定将影响到谈判者采用何种图式来看待谈判,从而确定谈判策略。

对于战略型谦抑者来说,由于其目的是希望淡化谈判图式中竞争性的一面,影响对方的冲突框架,因此,在发起谈判时,会避免让谈判对手感受到谈判的紧张气氛。基辛格这样评价:

---

① 〔美〕亨利·基辛格.论中国[M].胡利平等译.北京:中信出版社,2012,第233—234页。

> 中方在接待我们这个秘密访问团时却全无紧张气氛,此后的会谈中也是如此。……我们的东道主却那么泰然自若,落落大方,好像没有任何事情会打乱他们的方寸。①

因此,在发起谈判时,战略型谦抑者倾向于将之定义为谈话或交流,而避免称之为谈判。

(2) 对谈判者间关系的定义

类似的,研究者发现,当谈判的对手被称作"谈判伙伴"时,谈判者表现出了亲社会动机,而当被称作"谈判对手"时,谈判者则表现出了利己动机(De Dreu et al., 2006)。因此,战略型谦抑者为了淡化双方之间的冲突本质,更倾向于将关系定义为合作伙伴甚至朋友,而不是谈判对手,这也是集体主义文化中关系导向的体现。在前文关于框架传媒的整合案例中,谭智提到,框架在收购其他公司时,特意强调了用词:

> ……在框架公司,去年一年里,没有用"收购"这个词,因为我们在中国这个传统的思维习惯里,被收购,和公司倒闭等同于一个词。所以,如果你要说收购这个公司的话,他心理上会不舒服,他觉得我的公司倒闭了,是我太无能了。所以,在框架公司禁止用"收购"这个词,我们换了一个词,叫"整合"。大家在一起,"整合"在一起,而不是我收了你,或者我被你收了这样的概念。不是谁无能,谁的公司倒闭了,而是大家联合起来做大事,做更大的公司。②

一家整合进来的公司负责人也印证了他的说法:

> 他(谭智)一再强调是整合而不是收购,这是他很聪明、很善于做人的工作风格的最典型案例。③

---

① 〔美〕亨利·基辛格. 论中国[M]. 胡利平等译. 北京:中信出版社,2012,第231页.
② 胥英杰,李平. 智弈[M]. 北京:清华大学出版社,2008,第94页.
③ 同上.

(3) 对谈判地点的选择

谈判情境还包括谈判的时间、地点等。谈判地点能直接影响谈判者的心理安全感和谈判结果(Brown and Baer，2011)。以薪酬谈判为例，当员工试图与经理谈判时，办公室并不是最优的选择，尤其是经理的办公室，因为这样的场合强化了双方的权力对比，在一定程度上唤起了经理的权力感。因此，选择非正式的场合和时间，可能是一个更好的选择。

外交谈判也是如此。谈判通常安排在会议厅、官邸等正式场合，然而，当谈判出现停滞时，如果转换到不那么严肃的场合，可能会收到意想不到的效果。1978年9月，在时任美国总统卡特的斡旋下，埃及总统萨达特和以色列总理贝京进行了会谈，会谈所在地选在了美国总统的度假地戴维营。由于戴维营的环境相对封闭、私密，宜打造轻松的气氛，因此这次和谈有效推动了西奈半岛等问题的和平协议。

国家领导人的家乡也常常被用作会谈地点，以促进私人友谊。按照惯例，领导人在进行国事访问时，对方国通常在首都举行欢迎仪式和正式会谈，邀请来访领导人到自己家乡访问，则是一种特殊礼遇。据新华社报道，2017年国家主席习近平在访美期间，在美国总统特朗普的私人俱乐部海湖庄园举行了中美元首第二场正式会晤，在轻松友好的气氛中就两国友好合作进行了讨论。

李肇星还曾经讲述了与日本麻生外相之间的"厕所外交"。有一阵，中日关系因日本首相小泉纯一郎参拜靖国神社搞得很僵，两国高官甚至不便安排正式的双边会见。2006年，两国外长都参加了在马来西亚首都吉隆坡举行的东盟地区论坛和东盟与中日韩("10+3")外长会议，但并没有任何"双边"会面安排。在一次会上，李肇星发完言后去洗手间，麻生带着秘书很快跟了出来，并让秘书把住厕所的门，不让其他人进。在洗手间内，双方进行了方便有效的双边沟通，为两国高层恢复接触开了个头。① 无独有偶，2004年，软银集团与阿里巴巴展开了注资谈判。当谈判僵持不下时，双方的领导人孙正义和马云同时去了洗手间。当他们从洗手间出来时，已经谈妥了协议的大致方向。

1972年2月尼克松来华访问时，毛泽东将他们的第一次会面安排在自己的

---

① 李肇星. 说不尽的外交[M]. 北京:中信出版社,2013,第139页.

住处:

> 毛泽东的居所看上去没什么特别,只是离别的房子略远一些。这里没看见敬畏,也没有其他的权力标志。小小的前厅几乎被一张乒乓球桌占满了。我们被直接带入毛泽东的书房。书房不大,三面墙的书架上杂乱地放满了书稿,桌子上、地上也堆着书。房间的一角摆有一张简易的木床。这位世界上人口最多国家的领导者却愿意被看作是一个哲学家。[①]

因此,总的来说,在选择谈判地点时,战略型谦抑者倾向于选择非正式场所,而不是正式场所。

(五) 战略型谦抑对谈判过程和结果的影响

在人际层面,正如前文所言,战略型谦抑作为一种策略,可能通过两种途径来影响谈判对手。第一,当谈判者表现出战略型谦抑行为时,对手可能误判形势(如认为自己的权力较大、占据上风),并倾向于认为谈判者较弱,从而降低认知努力(认知动机降低)。

第二,在谦抑策略的影响下,对方改变了冲突框架,对谈判和谈判对手进行重新评估,从而发展出对谈判者的信任,更倾向于采用亲社会动机而不是利己动机。当对手采用亲社会动机时,可能分享更多的信息(De Dreu and Lange, 1995),导致谈判者能获得对谈判对手的利益优先排序、重要性等事项的信息,从而提高对谈判收益结果的判断准确性(Thompson and Hastie, 1990)。因此,谈判者的战略型谦抑行为与其判断准确性积极相关。

当对手采取亲社会动机时,按照双重关注理论(Pruitt and Rubin, 1986),亲社会动机通常会使得其更在意对方的利益,因此在谈判中也更容易做出让步(De Dreu and Lange, 1995)。也就是说,当谈判者展现出战略型谦抑行为时,对手的让步较多,对手的亲社会动机在谈判者的战略型谦抑行为和让步之间将起

[①] 〔美〕亨利·基辛格. 论中国[M]. 胡利平等译. 北京:中信出版社,2012,第252页。

到中介作用。

通过上面的分析,可以看出无论在人际层面还是自我层面,战略型谦抑都将有助于提高谈判者的个体收益。因此,谈判者的战略型谦抑行为将促进其个体收益。

正如前文所说,战略型谦抑虽然有助于谈判者的收益,但仍然是不够坦率和真诚的行为,存在情绪操纵的嫌疑。尽管在大多数谈判中,双方都致力于个体利益,但战略型谦抑在伦理上并不是无可指摘的。在谈判后,特别是当谈判对手了解到双方的真实收益后,可能会产生中圈套的感觉。也就是说,战略型谦抑很可能会引发逆火效应(backfire effect),抱着谦逊的态度参与谈判,反而会引起对方的反感,类似在单次博弈中欺骗引起的后果。战略型谦抑也代表了这类谈判者"大德不逾闲,小德出入可也"的理念,反映出谋略的功利主义一面。因此,在很多情况下,当谈判者表现出战略型谦抑行为时,谈判后对手对其的信任感将低于在谈判中的信任感,谈判对手的未来合作意愿将较低。

三、战略型谦抑的适用情境

从上文的论述中可以看出,战略型谦抑有着适用的环境。本研究仍将在动机化信息处理模型和礼貌理论的基础上,探讨在哪些环境下战略型谦抑有助于提高个体收益,或者说,在哪些情况下,谈判对手能够较好地保护自己免受战略型谦抑的伤害。对适用情境的讨论分为三个范畴,分别是情境特征、谈判对手的个体特征、谈判者的个体特征。

（一）情境特征

1. 不均衡的权力

谈判中的权力来自BATNA(Best Alternatives to Negotiated Agreements；最佳协议的替代方案)、职位、备选方案等，谈判中常常存在双方权力不对称的情况。按照礼貌理论(Brown and Levinson, 1987)，礼貌的使用应与社会权力密切相关，具体来说，地位较低的个体倾向于使用较为礼貌的谈话方式(例如，在提出要求时字斟句酌，而不是赤裸裸地直接要求)以避免让对方觉得这是强加于他的(Morand, 2000)。当谈判者处于谈判的弱势时，谦抑行为更符合其权力状况；相反，如果谈判者表现出强势的行为，如威胁对方，对手可能不会降低认知动机。从动机化信息处理模型的角度来看，研究者主张，当个体权力较大时，认知动机更有可能被降低(Fiske, 1993; Keltner et al., 2008)。

在国家层面，李肇星曾这样解释中国的当代外交政策：

> 韬光养晦与我们自己国家所处的地位、所面临的国际环境密切相关。中国既是一个发展速度很快的国家，但从人均收入看，又是一个经济不太发达的国家。我们不能当头，也没有资格当头。①

因此，综合起来，可以认为权力对比对战略型谦抑行为有调节作用，与均衡谈判相比，当谈判者居于劣势时，战略型谦抑更能促进其个体收益。

2. 谈判的整合性潜力

谈判的整合性潜力(integrative potential)是指谈判的利益结构中蕴含的双赢的程度，整合性潜力越大，谈判越存在双赢的可能性。随着谈判的整合潜力的

---

① 李肇星. 说不尽的外交[M]. 北京：中信出版社，2013，第295页.

提高,谈判的收益更依赖于双方的沟通情况和对信息的掌握(Van Der Schalk et al., 2010),因此战略型谦抑者将有更大的发挥空间。相反,在分配式谈判中,双方的利益是完全对立的,即使谈判者表现出谦抑行为,对结果的影响也不大。Dimotakis et al. (2012)也发现,对于大五人格中的亲和性较高的谈判者,由于其善于合作、值得信任,能在整合性谈判中发挥出色,但在分配式谈判中却无助于提高收益。也就是说,谈判的整合性潜力对战略型谦抑行为有调节作用:谈判的整合性潜力越大,战略型谦抑越能促进其个体收益。

(二) 谈判对手的个体特征

1. 是否有时间压力、是否疲劳等

英国哲学家培根在《谈判论》中谈到,"于一切艰难的谈判之中,不可存一蹴而就之想,唯徐而图之,以待瓜熟蒂落",这从侧面说明了时间与谈判结果可能成正比关系。按照动机性信息处理模型,认知动机的发挥与情境因素有关(Kruglanski and Webster, 1991;De Dreu and Carnevale, 2003)。研究者发现,当个体有时间压力(Van Kleef et al., 2004),或者当个体比较疲劳的时候(Webster, Richter, and Kruglanski, 1996),认知资源被分散,认知动机也将降低(De Dreu and Carnevale, 2003)。从这个角度讲,车轮战的实质就是让谈判对手疲惫,精神涣散,从而可能做出错误的决策。因此,当谈判对手的认知动机较低时,对谈判者战略型谦抑的鉴别能力也将降低,此时谦抑策略更容易发挥作用。

总结起来,当谈判对手在有时间压力时,比起没有时间压力的情况,谈判者的战略型谦抑行为与其个体收益的相关性更高;当遇到疲劳的谈判对手时,比起不疲劳的对手,谈判者的战略型谦抑行为与其个体收益的相关性更高。

2. 传统性

正如前文所指出的,人们评价他人的标准受到文化的影响。Wojciszke

(1997)指出,在集体主义文化下,人们更看重人际温暖,而个体主义文化更看重能力,这与前者对和谐、面子的重视是分不开的。因此,本研究试图从文化的角度来看战略型谦抑的影响。

正如前文所提到的,目前谈判领域的许多研究是从价值观的角度来考察文化的,如个人主义与集体主义、沟通方式、权力距离等。尽管这些特征被广泛使用,但未必能抓住中华文化的独特性和中国人的特性(Farh, Earley, & Lin, 1997)。杨国枢通过对中国台湾地区的转型过程的考察来透视中国人的性格和价值观的变迁,提出个人现代性和传统性更能反映当前中国人的本质,其中传统性包括家族取向、集体主义、权威导向、孝顺祖先等因素。当谈判者遇到传统性高的对手时,意味着对手更在乎维持和谐、保留面子,因此可能更容易接受战略型谦抑这种弱化冲突、强调谦逊和礼貌的行为。一个著名的例子是,当2007年福拉多在与中国足协签约前,曾求教于前任国足总教练杜伊科维奇,后者在谈到如何与足协谈判时,特别强调了两点:

> 第一,与足协谈判一定要把握好尺度,不要自负,谦虚而不谦卑,主要是一定要给足协领导留下好印象,否则什么都是空谈;第二,一定不要对媒体说如果"我要是国足主帅就如何如何"。①

杜伊科维奇的经验应该是通过其在中国的执教经历得来的,而中国足球圈内的这种"风俗"又渗透着中国文化的影响。可见,对于传统性高的谈判对手而言,如果谈判者表现出与中国传统文化价值观相一致的一面,对方将更倾向于采用亲社会动机。也就是说,谈判对手的传统性对战略型谦抑行为有调节作用:其传统性越高,谈判者的战略型谦抑行为越能促进其个体收益。

3. 移情能力

个体的移情能力(empathy)在人际交往中有重要作用,在谈判中也不例外。作为一种他人指向的情绪反应,移情能力较高的个体,通常对他人的感受更容易

---

① 人民网,http://sports.people.com.cn/GB/22134/22136/78758/6247160.html

感同身受(Batson, Fultz, and Schoenrade, 1987)。移情与利他主义相关。在单次囚徒困境的实验中,行动者被告知对方之前有过背叛行为,在控制组中,行动者本次的选择几乎均是背叛;但在实验组中,行动者被唤起了移情后,结果几乎一半的被试没有选择背叛(Batson and Ahmad, 2001)。需要指出的是,移情能力与换位思考(perspective taking)有着本质的不同,后者通常是指能站在对方的角度进行认知思考,如同在下围棋时能提前猜到对方下一步如何走棋,因此有利于最大化己方的收益(Galinsky, et al., 2008)。

对于谈判者而言,在谈判中应完成两项任务,即与对方竞争以争取利益,以及与对方沟通合作以扩展利益空间。对于高移情的个体而言,由于他们对他人的痛苦高度敏感,更容易抱有同情心,因此当其对手展现出战略型谦抑行为时,谈判者更容易"落入圈套",从而表现出更强烈的亲社会动机。也就是说,谈判对手的移情能力对战略型谦抑行为有调节作用:对手的移情能力越强,谈判者的战略型谦抑行为越能促进其个体收益。

4. 心理觉知

尽管战略型谦抑是一种容易迷惑人的谈判策略,但是如果谈判对手具有足够的敏感度和警觉,便可能会识破谈判者的实际动机。具体来说,当谈判对手具有高觉知度的时候,战略谦抑者将无法发挥其作用。心理觉知(mindfulness)是指"一种灵活的思维状态,在这种思维状态下,我们积极地活在当下,注意到新的事物,并且对事情发生的背景敏感"(Langer, 2000)。处于觉知状态的人们在对目标物进行区分比较的过程中,会表现出能够开放地接纳新事物、对差别保持高度警觉、对不同的背景敏感,等等。简单来说,觉知水平高的个体不会机械地根据以往的经验或已有的认知图式对当前的情况做出判断,而是会用开放的心态来关注当下、主动觉察目标物和所处的情境并从多个角度进行思考。与之相反,觉知水平低的个体则表现出自动进行类别化判断、思考角度单一等特点(Sternberg, 2000)。

从觉知的概念可以看出,觉知水平高的个体,在高度不确定的情境中能有更好的表现。因此,在谈判情境下,高觉知的个体能够更敏锐地通过各种线索捕捉到对方的真实意图。当谈判者运用战略型谦抑策略时,如果其对手具有较高的心理觉知,便有可能透过表面的谦抑洞察到谈判者的竞争性。对手的心理觉知度越高,谈判者的战略型谦抑行为与其个体收益越呈负相关。

除此之外,其他的一些认知特征也可能发挥作用,例如认知封闭需求(need for cognition closure,NFCC)。如果谈判对手的认知封闭需求比较高,意味着其思维更可能停留在更浅的层次,不容易识别对方的计谋。

(三) 谈判者的个体特征

具备某些特征的谈判者可能尤为适合使用战略型谦抑风格,例如女性谈判者。在人们的刻板印象中,一般认为男性比女性有更大的权力(Fiske, 1993; Stuhlmacher and Walters,1999),因此,对于女性而言,其传统的角色期望更看重其表现出来的人际温暖而不是能干,而对于男性而言,则更看重能干(Abele, 2003)。

正如前文所言,在两性关系中,男性在互动中更具竞争性,女方则被期待着表现出更多的柔弱、顺从。与双方平等的或男性占主导的婚姻关系相比,两性对女性占据主导地位的婚姻关系都相对表示不满意(Gray-little and Burks, 1983)。Filsinger and Thomas(1988)也发现,在情侣的语言互动中,女方是否会打断男方讲话,可以稳定地预测双方对关系的满意度以及他们是否会分手:如果女性较多打断男性讲话,则双方对关系更不满意,且更容易分手。总体而言,如果女性表现出了过多与性别刻板印象不符的行为,将会破坏关系的满意度,并且可能导致关系破裂。

具体到谈判中,女性常常不愿意主动发起谈判(Bowles, Bobcock, and Lai, 2007)。当女性表现出与谈判相符但与性别角色不符的竞争性时,常常面临着风险(Rudman, 1998;Wade, 2001)。因此,战略型谦抑是与女性谈判者更匹配的行为方式。与男性相比,当女性表现出战略型谦抑行为时,更能促进其个体收益。

四、从谈判风格来看战略型谦抑

个体在谈判中会表现出某种特定的风格以及与之相关的策略。谈判风格的研究由来已久。在此,我们回顾几种重要的谈判风格,然后用其框架来分析战略型谦抑的特征。

第一,从谈判的处理方式来看。早期研究者发现,当面临某个冲突的情境时,个体可能有两种处理方式,合起来称之为"进攻-防守模式"(defense-defeat model,DDM)(Henry and Stephens, 1977; Henry, Stephens, and Ely, 1986)。进攻模式的特点是个体的唤起程度较高,试图在冲突中去控制冲突,赢得主导权,是一种积极的应对;相比之下,防守模式的特点是唤起程度低,挫折感和绝望感较强,没有试图去控制冲突,对冲突采取屈服的态度。从这个角度看,战略型谦抑表面上看是防守模型,实际上更倾向于进攻,谈判者做了很多努力去影响对方。

第二,从谈判的侧重点来看。研究者认为,按照是否顾及双方之间的关系,谈判可以分为两种,分别为对抗式谈判和合作式谈判(Fisher and Ury, 1981;张祥,2014)。对抗式谈判也称立场式谈判。在这样的谈判中,谈判者的风格非常强硬,表现为坚守自己的立场不退让,不断地给对方施加压力,威胁对方,试图把自己的方案作为最终的协议通过,完全不顾及双方的关系,为了达到目的不惜攻击对方,其目标是赢得胜利。这样的谈判是双方意志力的竞赛,谁更强硬,谁更坚持己见,谁就能赢得最后的胜利,双方之间缺少信任感,也无意营造友好的气氛。这种方式的问题是,如果双方都不肯退让,谈判有可能走向破裂,另外,紧张的谈判气氛无助于发掘建设性的双赢方案。即使双方达成了协议,必定有一方的需求没有得到满足,这会导致他对谈判和谈判对手的强烈不满,进而有可能使得在之后履行协议的过程中采取消极的行为,甚至想法设法阻碍和破坏协议的执行。

如果谈判者采用合作式,会比较注意维护双方的关系,采用友好的沟通方式,尽量去达成协议,是否取胜或者占上风并不在他们的考虑范围之内。一般的做法是,提出建议,信任对方,做出让步,保持友善,以及为了避免对峙而屈服于对方。在必要的情况下,谈判者会为了促进彼此间的关系而做出妥协。合作式谈判比较适合双方的关系比较稳定,或者关系是长期的情况,这样双方可以通过坦诚的沟通来达成协议,谈判的效率较高,交易成本也较低,是一种理想状态的谈判。然而,在实际生活中,如果一方采用合作式,另一方采用对抗式,前者便必定要吃亏,除非他对未来的利益有其他的考虑。

从这个角度看,对抗式谈判对人对事都很强硬,合作式谈判则都很温和。相比之下,战略型谦抑在对人上比较温和,在对事上比较强硬,更类似 Fisher 和 Ury 提出的原则式谈判。原则式谈判主张要把人和事分开,对事要强硬,主张在谈判中要尽量保持公平、公正,同时不能放弃自己的利益主张,另外,在谈判中既要达到目的,又要不失风度。

第三,从情绪风格来看。从谈判者情绪的角度,谈判风格可以分为积极(如快乐、兴奋、幽默等)、消极(如愤怒、失望等)和理性风格。一般来说,与消极情绪和理性情绪相比,当谈判者表现出积极情绪时,谈判对手的满意度较高,未来合作的意向也较强(Kopleman et al., 2006)。同时,积极情绪能够促进合作策略的使用,减少竞争策略的使用(Carnevale and Isen, 1986)。正如前文所言,战略型谦抑者倾向于战略性地运用情绪,包括展示快乐、幽默等积极情绪,以创造和谐的谈判气氛,减少对方的敌意,也包括展示忧伤、失望等消极情绪,以唤起谈判对手的内疚感。

五、总　　结

谈判者之间的权力对比对谈判结果起到了显著的影响作用。当谈判者居于劣势时,有人采用扬长避短、虚张声势等办法,试图改变对方对权力对比的主观看法,也有的谈判者坦陈权力的不足,甚至摆出更低的姿态,采用"扮猪吃老虎"的策略,试图打消谈判对手的提防心,以改善谈判处境,从态度和动机来看,战略型谦抑即是这样的风格。

美国第26任总统西奥多·罗斯福曾引用过一句非洲谚语,"温言在口,大棒在手"。类似的,谈判研究者 Keith Murningham 指出,最好的谈判策略是拥有"戴着天鹅绒手套的铁拳",意思是谈判者应坚持底线,尤其是在对自己重要的问题上不放弃,但需要以文明的方式表达出来。在与强者的对阵中,弱者一味退让并不是良策,咄咄逼人也只会适得其反,只有承认己方的弱势、在不重要的问题上适当退让,但在关键问题上坚持立场,才会取得谈判的胜利。尤其是对于中国谈判者而言,人们对权力的差异更加敏感,对人际和谐更加重视,不鼓励"以下犯上",不鼓励竞争性策略,这时,只能保持战略型的谦抑。

总的来说,战略型谦抑是文化和情境的综合性产物,是中国谈判者在谈判的竞争图式和人际关系上谦让、在和谐图式中平衡的结果。

第六章　女性谈判者的逆袭

作为最显著的人口统计变量之一,性别在谈判和人际互动中也是一种权力的象征。毕竟从历史上看,大多数社会都属于男权社会。仅举一个例子,语言学家许嘉璐指出,汉语有表意的功能,所以从其形体和演变上就可以看出女性在古代社会中的地位,如奴字的"又"旁是一只手,"奴"意即抓获的女子;汉代的《白虎通义》和《释名》上说:"女,如也",如是随从的意思,意思是女子只能唯他人之命是从。两性的不平等一直影响到现在,男性的权力普遍高于女性。多个研究也表明,男性比女性享有更多的社会权力,这导致他们在人际沟通(包括冲突和谈判)中占据强势地位,例如攻击行为更多、更自信,等等。本章从女性谈判者的角度,来看弱势者的谈判处境和策略。

一、性别刻板印象的影响

1. 两性刻板印象

人们常常存在对女性的刻板印象,并且这些刻板印象经常是负面的。例如,

"头发长、见识短""女性之为女性,是由于某种优良品质的缺乏"(亚里士多德),"第二性即女性在任何方面都次于男性;若对她们表示崇敬是极端荒谬的"(叔本华),等等。甚至存在对女性的污名化(stigmatization),例如认为漂亮的女子是"红颜祸水"。许嘉璐总结了汉语中的许多坏字眼,发现很多都与女性有关,例如,"妨,害也""妄,乱也""婪,贪也""嬾(懒),懈也,怠也""姦,私也",嫉妒二字也从女,"妒,妇妒夫也"(古代男子可以乱来,妻子有所不满即为"妒",是其"罪状"之一),如果嫉妒的一方是男性,这个字则为"媢(mào)",依然是从女字旁。

对女性的刻板印象表现在方方面面,例如,认为女性的数学能力较差,情绪较为波动,女性的成功往往是出于努力而不是聪明(男性则相反),女性的抗压能力较差,等等。

刻板印象常常是错误的,并且夸大了组间差异。哈佛大学前校长拉里·萨默斯曾经引用一项研究,声称女性在科学方面可能天生不如男性。有位研究者原本是女性,变性为男性,其经历使他对萨默斯的主张产生了怀疑。他比较了美国从4岁到18岁男生与女生的数学成绩,结果并没有发现显著差异,这证明人们长期以来的刻板印象并不正确(Barres, 2006)。

刻板印象的危害在于,导致了自我实现预言的建立(Skrypnek and Snyder, 1982)。例如,研究者发现,在实验中,大学女生的数学成绩与男生没有差别,但是当她们被要求在卷子上注明性别后,性别刻板印象被启动,数学成绩就逊于男性了。刻板印象带来的自我实现会妨碍女性的发展,导致玻璃天花板的存在。经济学家统计了性别刻板印象对求职的影响。在音乐界,人们往往倾向于认为女性的情绪易波动,不适合演奏交响乐,然而在实施盲试(即面试官见不到申请人,隔着屏风听演奏)后,美国交响乐团的女性乐手录取量显著上升(Goldin and Rouse, 2000)。

2. 刻板印象的影响

刻板印象造成了一些负面影响。第一,女性的自我评价更低,通常也更为谦逊。与男性相比,女性更不容易出现自我中心偏差(egocentric bias),对自己的评价更为客观。当女性的工作受到积极的评价时,常常表现得太过低调和谦虚,例如说这是自己应该做的,或者做这些花不了多少工夫,即使这些都是自己通过努力工作换来的。Facebook首席运营官谢丽尔·桑德伯格在其著作《向前一步：女性，工作及领导意志》中列举了女性自我评价过低的很多例子。例如，研究人员要求在外科手术室轮岗的医学院学生对自己的表现进行评估，结果女生的自评普遍比男生要低，尽管其教员的评估显示女生的表现要优于男生。另外，对几千名潜在的政治候选人的调查揭示，尽管拥有相同的资质证书，男性认为自己"完全有资格"担当政治职务的可能性比女性高出约60%。对哈佛大学法学院近1000名学生的研究发现，在与法律实践相关的每种技能上，女生给自己的分数都比男生要低。

第二，女性的自我权益感较低。自我权益感（personal entitlement）是指对于自己应得权益的评价。对于相同的贡献，女员工索取了较低的薪酬。部分原因在于，女性的社会比较标准通常是其他的女性，而不是从事同一工作的男性。研究也发现，女员工更不愿意与上级就薪水进行谈判。这些导致从全球来看，两性的同工同酬远远没有实现。根据国际劳工组织发布的《工作中的女性：2016年趋势》报告，2015年，全球雇用了将近13亿妇女，而受雇的男性有20亿。同时，女性比同等条件的男性挣的薪酬要少，相关性别差距高达23%。报告称，根据目前的状况，还需要至少70年的时间才能实现男女同工同酬。不仅如此，女性还常常被默认为应该为群体多做贡献。研究发现，在职场中，当男性做出利他主义行为时，会提高其他人对他的好感度，然而，如果女性减少奉献，会导致人们的反感，原因在于性别刻板印象认为女性应该是义务劳动的一方（Heilman and Chen，2005）。

第三，对女性的负面刻板印象导致了女性的进取动机较低。在职场中，男性更有竞争性，更希望提升地位，而女性的动机缺乏，部分原因是女性通常要花大量时间来从事家务劳动（Rosener，1990），例如做饭、打扫、照顾孩子，等等。根据国际劳工组织的上述报告，在发达国家，女性平均每天要投入4小时20分钟从事没有报酬的家务劳动，男性的投入时间为2小时16分钟，而这一数字在发展中国家只有1小时20分钟，这使得女性无法像男性一样寻求更好的就业机会或提升自身的水平，由此进一步面临不公平的职场竞争和待遇。相比之下，男性一般不需要太担心"工作-生活平衡"的问题。

第四，受到女性刻板印象的影响，能干的女性往往受到的评价较低。研究者发现,女性的能力越强,其他人越不喜欢她,不管评判者是男性还是女性都是这样(Heilman et al.,2004)。在中国历史上,女皇帝武则天曾经被批评为"峨眉不肯让人",表明女性刻板印象认为女性应温顺、在两性关系中处于从属地位,这导致能干的女性会招致更多的人际敌意,尤其是在传统上由男性主宰的领域,如政治家、企业家等。Ho et al. (2012)也指出,女性在男性领域更不容易成为领导者。在他们的实验研究中,一名男性被试和一名女性被试组成一个小组,共同去完成一项折纸的任务,之前他们需要先选出一名组长,结果发现,当折纸被冠名为艺术项目,而不是建筑项目时,女性更有可能成为组长,这显示了职业和女性刻板印象对人的影响。桑德伯格引用了 Flynn 和 Anderson 的一个性别研究。在这个研究中,第一组被试阅读了哈佛大学商学院的一个经典案例,内容是关于美国著名女性企业家、苹果公司前高管、风险投资家海迪·罗伊森的创业故事,另外一组读到的故事与第一组完全相同,只不过主角改成了一位叫霍华德·罗伊森的男性。在读完故事后,被试对主角进行了评价,结果发现,两组被试都认为海迪和霍华德能力卓群,但他们更愿意做霍华德的下属或同事。

因此,对女性而言存在一个悖论:要么因为绩效不佳而遭到批评,要么因为绩效出色而失去他人的好感。研究者称之为"成功的惩罚"(penalty for success)。谢丽尔·桑德伯格曾回忆道,她刚刚加入 Facebook 后不久,扎克伯格给她提了一个宝贵的建议,即不要试图赢得每个人的喜欢,否则会妨碍其发展。这说明,对女性来说,受人喜欢和优秀的工作表现常常是不可兼得的。另外,女性的成功还常常被归结为外部因素,例如运气的眷顾,或者采用了不正当手段竞争等。

二、性别对沟通和人际关系的影响

种种研究表明,女性更为看重人际关系,而男性更在乎独立和竞争。与男性相比,女性会付出更多的时间照顾家人,为家人购买礼物,给朋友打更长时间的电话。在谈话时，女性更少打断对方，更愿意倾听，微笑的次数也更多，表现出更强的共情能力，更善于理解非语言的线索。男性和女性都认为，他们与女性有着更高质量的友谊，在痛苦时，他们都希望得到女性的安慰。

性别之间的权力差异还影响着男女的谈锋(volubility)。研究者利用现场研究和实验研究发现，性别对权力与谈锋之间的关系起到了调节作用。例如，他们考察了美国参议员在参议院的发言，发现男性参议员的权力越大，发言越多，但这一效应对女参议员来说并不成立。其中的机制是女性担心谈的太多会导致他人的负面评价(Brescoll，2012)。

研究者发现，男性的社会支配取向(social domination orientation，SDO)更高。社会支配意向是指这样的倾向，认为一个群体对另一个群体的统治是合法的，理应得到更好的待遇，后者应该对前者表现出服从。社会支配取向量表包括这样的题目，"为了高人一等，有时候必须踩在别人头上""有的群体就是比不上其他的群体"。研究发现，男性在 SDO 量表上的得分显著高于女性。Maccoby(1990)也验证了这一倾向，她调查了几千名学龄前儿童的性别差异，发现男孩通常喜欢从事打斗类型的游戏活动，并且倾向于争夺统治地位，另外，男孩在说话时更为自信，更倾向于打断对方，并且主要目的是强调地位，而女孩的交谈则主要是为了建立和巩固彼此间的关系。

可以看出，总体来说，女性的弱势地位导致她们在沟通和人际关系中更多地表现出关怀导向，而男性更多地表现出任务导向或竞争导向(Rubin and Brown，1975)。

三、性别对谈判的影响

尽管大多数谈判既有竞争性的一面，又有合作性的一面，但人们更倾向于认为谈判是一项充满竞争性的对抗。这样的特征导致性别在谈判中可能会发挥一系列影响，包括不乐于发起谈判、谈判的结果较差等。

1. 谈判动机

女性受到谈判固有图式的影响，往往不太愿意进入谈判。研究者对大学毕业生进行了调查，发现与女生相比，男生更有可能和雇主就薪酬发起谈判（Bobcock et al.，2006）。在另一个研究中，被试作为评价者，观看了一个工作面试的录像，在这个录像中，求职者有的直接接受了雇主的薪酬出价，有的则不接受并与雇主展开了谈判。结果发现，如果求职者为女性，并且发起了谈判，那么比起未发起谈判的女性求职者，男性和女性评价者都表示不愿与之共事，并且，男性评价者的共事意愿更低，暗示着对女性谈判者的惩罚（Bowles et al.，2007）。研究者在美国一家投资银行进行了调查，发现与男性相比，女性更不愿意发起谈判，然而，一旦女性发起谈判，其晋升速度就比未发起者平均快17个月（Greig，2008）。这样的结果部分解释了前文中女性薪水较低以及女性高管少的原因。

然而，研究者发现，对谈判的界定很重要，也就是说，如果谈判不被称为谈判，例如只是称为"询问"，女性则更加自如（Small et al.，2007），磋商的可能性就大大提高了。研究者认为，这其中的原因在于，对于地位较低的个体（如女性），谈判听上去不够礼貌。

2. 个体收益

由于男性比女性更富有攻击性，而攻击性有助于谈判，因此，多个研究发现，与男性相比，女性的谈判结果可能较差。例如，Ayres and Siegelman(1995)在芝加哥的150多个汽车销售点进行了准实验调查，经过培训的被试(28—32岁、教育程度类似、中等相貌)身穿统一的服装，采用相同的谈判策略，尝试购买了300多次汽车，结果发现，与白人男性相比，女性和黑人在买车时均需支付更高的价格。

研究者发现，女性谈判者的表现与性别刻板印象是否被激活有关。在Kray et al.(2001)的研究中，如果性别刻板印象被激活（谈判被定义为对能力的考察），那么女性谈判者的表现就逊于男性；然而在未激活组，男女的谈判结果没有

显著差异。

一项元分析发现,平均来看,男性在谈判中能为自己争取到更多的个体利益(Stuhlmacher and Walters,1999)。研究者利用计算机对同一张照片进行了技术性处理,使其分别呈现出男性和女性的面貌特色,例如女性的下颚和前额较窄、眉骨较高、眼睛较大、嘴唇较丰满等,借以考察人们如何选择谈判对手。结果发现,当人们选择谈判对手时,更愿意选择偏女性化的面孔,但在选择谈判代理人时则相反,更愿意选择偏男性化的面孔。

另外,当人们面对女性化的谈判对手时,出价更高(Gladstone and O'Connor,2014)。这个研究也佐证了女性谈判者的竞争性可能不够强,以至于谈判结果较差。同时,这中间存在一个调节变量,如果女性谈判者是作为他人的谈判代理,其结果便不会受到影响(Bowles et al.,2005)。

然而,值得注意的是,女性在谈判时依然面临上述"成功的惩罚"。Amanatullah and Tinsley(2013)考察了在谈判中女性所遭遇的负评,负评用来形容当女性的行为违背性别规范时人们的负面反应(Rudman,1998)。在他们的研究中,研究者操纵了3个变量,分别是谈判者的性别是男性还是女性、主张自我利益还是主张他人利益,以及谈判风格是坚决还是温和。结果发现,如果女性在谈判中采用坚决的风格来主张自己的利益,那么会遭遇社交负评(social backlash),即认为这名女性不讨人喜欢,因为这与女性温顺的刻板印象不符;然而,如果女性在谈判中采用温和的方式主张他人利益,则会遭遇领导力负评(leadership backlash),即认为她能力较差。因此,对于女性而言,面临着动辄得咎的尴尬处境。

3. 较佳的谈判策略

综合上面的研究,对于女性谈判者而言,既要取得较好的经济目标,又要维系融洽的谈判者关系,是一个双重目标。研究者指出了如下几条途径。

首先,女性应诉求于利益共同化,强调合作共赢的重要性,通过双方共有的目标来激发对方的合作(Heilman and Okimoto,2007)。在措辞上,多使用"我们"而不是"我",这样会更有说服力(Ridgeway,1982)。研究者发现,当拥有权力的个体意识到与他人存在互相依存的关系时,就会产生社会责任感

(Lammers, Stoker, and Stapel, 2009), 这一点可为弱势方和女性谈判者所使用。

其次, 在谈判风格上, 女性谈判者需要"将亲切力与坚持主见结合起来"。桑德伯格提到, 女性谈判者应做到"温柔的坚持"(relentlessly pleasant), 这种方式要求女性时常微笑, 表达感激和关注, 多关心对方, 更多提及共同利益, 在谈判时着眼于问题的解决而不是持一种批评的立场, 因为按照传统刻板印象的观点, 如果女性采用一种咄咄逼人、非我莫属的态度, 即使在谈判这样一种双方对峙的环境中, 也很容易招致人们的反感。"温柔要有, 但不是妥协, 我们要在安静中, 不慌不忙的坚强"(林徽因), 这似乎是被认为比较有效的方式。

最后, 女性谈判者可以在谈判前为自己的谈判动机提供合理的解释(Bowles and Babcock, 2013)。例如, 之所以要谈判是源于其他人的建议, "我的经理认为我应该谈谈薪酬", 或者引用行业标准, "在 X 公司, 我目前的职位年薪大概是 30 万元", 或者阐明谈判是出于利他的目的, "我部门的员工这季度一直在加班, 理应给他们加薪", 等等。

2015 年, 西方媒体报道了下面这则小故事:

> 美国副总统拜登偕夫人和孙女参观土耳其著名的阿拉斯塔集市, 其间拜登想为夫人买一款项链, 老板索价 350 美元, 拜登欣然接受。然而, 拜登夫人对这个价格表示不满, 亲自出马与老板砍价, 最终达成 100 美元。

这个故事很有代表性。可以看出, 首先, 虽然这次交易实质是一场价格谈判, 但表现出来的是针对日用品的讨价还价, 女性似乎更愿意参与这样的谈判。其次, 女性参与这次谈判并非是为了自己, 而是为了帮助别人——把丈夫从被敲竹杠的处境中解救出来。从这个故事可以一窥女性谈判者的处境。

第七章　以弱胜强的策略

本书在第三章分析了权力对谈判结果和谈判过程的影响,在第四章考察了谈判者的特征对谈判过程和谈判结果的影响。可以看出,尽管总的来说,权力能显著影响谈判的结果,但具备某些特征的谈判者能够扭转自己的处境,争取较好的谈判结果,同时,历史上、生活中也不乏以弱胜强的案例。以强国和弱国之间的战争为例,政治学者 Arreguin-Toft(2001)统计了过去两百多年的数据,结果发现弱国取胜的情况高达 28%。进而,他筛选了这些战争案例,发现如果弱国采用和"牧羊少年大卫"一样的策略,即针对对方的命门、采用游击战术,那么弱者取胜的概率将提高到 64%。

本章根据以往的相关研究和政治、经济生活中的案例,提出了十项谈判策略,以帮助弱势谈判者提高取胜的概率。

一、弱者要树立积极的心态

尽管谈判双方实力悬殊,但既然双方都坐到了谈判桌前,必然有互相依存之处,认识到这一点对于弱者来说很重要。在谈判中,弱者首先要克服事事退让的心态,包括愿意积极参与谈判,为谈判树立合理的期望,并采用竞争策略等。

第一,即使谈判者由于掌握的资源有限、地位较低等原因而在谈判中处于下风,依然可以在一定范围内改善自己的结果,因此应积极参与谈判。由于处于劣势,弱者常常不愿采用谈判的手段,或者在谈判中受强权一方的主宰(等于不谈判),这都不是积极的心态。

以宏观经济话题为例,在中国目前贫富差距严重的情况下,社会学家认为,有出现社会生活西西里化的趋势,西西里化即一种以强力建立的不公平秩序(孙立平,2005)。例如,在农村土地征用过程中,村民作为弱势群体,常常需要忍受强势群体(房地产开发商、地方政府甚至村委会)的专横和霸道。在这种情况下,一方面,政府要建立谈判和对话的渠道,让弱者能够表达需求,寻找双赢的解决方法,而不是上升到政治或意识形态的冲突,或者采用行政手段来执行;另一方面,对于弱者而言,应首选谈判的手段,通过村民联盟来强调己方的利益,而不是沉默或者暴力对抗。孙立平(2005)强调,在一个利益多元化的时代,谈判应当成为解决冲突的常规化形式。

在外交中,我们也可以观察到,仅仅强调"弱国无外交"有弊无利。在1938年的慕尼黑会议上,当时的英国首相张伯伦错误地认为向希特勒一味妥协就能换取欧洲大陆的和平,因此采纳了绥靖政策,但这样的政策只会姑息养奸,希特勒从此摸清了英法的底牌,最终世界被推入了第二次世界大战。

第二,在谈判前,弱者要进行周密的策划和准备。对于弱者而言,谈判前的准备尤其重要。以收集信息为例,French 和 Raven 认为,信息权力也是一种重要的权力,掌握信息有助于谈判者占据主动地位。因此,弱者更应不打无准备之仗,在谈判前应多收集有关对方的信息。需要收集的信息包括对方可能的备选方案、对方谈判是否有时间期限、对方谈判代表的特点,等等。例如,即使对方的实力远胜于己方,但如果时间上有限制,例如希望在圣诞节前完成谈判,那么己方便有了可资利用的空间。再如,如果经过调研,发现对手的谈判团队中某位成员传统性较强,甚或具有合作性的社会取向,那么这对己方而言也意味着一个很好的突破口,有助于从双赢的角度来扩大己方的利益。另外,谈判场所的选择、布置等也需仔细筹划和斟酌,在之后的策略八中将会提到。

第三,弱者需权衡双方的目标和底线,在一个合理范围内为谈判树立较高的期望收益,以便"法乎其上,取乎其中"。弱势方往往受到双方权力对比的影响,对谈判的期望过低,在谈判中也畏手畏脚,尤其是当双方职位权力存在差异,而弱者又具有高威权主义人格时,更有可能担心得罪对方,或者担心谈判破裂。然而,正如在本研究的模拟薪酬谈判中,一名参加者在谈判后的总结阶段中谈到的:

> 目前大公司的薪酬制度都比较健全,人事部经理能和你谈到薪酬问题,已经是对你工作能力的肯定,你可以大胆提出自己的要求,同时注意结合实际情况。要求太高易引起反感,太低显示信心不足,要实事求是。只要不是太离谱,公司一般会和你协商从而达成协议。

谈判是一项需要双方达成协议的社会互动活动,对于强者而言也是如此。弱者的退出会让谈判破裂,对强者来说也是前功尽弃,对双方来说都是损失。因此,弱者应抱有理性的心态,适当调高期望,高期望将带来较高的出价,从而提高个体收益。

第四,除了树立高期望,弱者还可以通过运用竞争策略,例如,提供证据、扬长避短、适当的夸张等来说服对方,让对方感受到弱者也是有权力的。

分配式谈判是纯粹索取价值的过程,而整合式谈判也有索取价值的一面。就索取价值的角度而言,竞争策略是有益的。Fisher and Brown(1988)指出,在国际事务中,绥靖政策对国家间关系有百害而无一利。一个例子是,在美国独立战争时,经济实力和军事力量都无法与英国抗衡,事实上,在战争开始后,华盛顿才开始组建陆军,装备相当简陋,训练不足。但北美人民英勇奋战,同时在外交上,富兰克林出使欧洲,争取到了法国等国的支持,最终迫使英国承认美国的独立。Fisher 等人还以勒索作喻,把通过让步来换取关系比作向勒索者屈服,付出的越多,对方索价就越高。妥协不可能为将来公平解决问题打下基础。从当前的国际谈判来看,许多弱势国家确实采取了强势的态度。在朝核问题六方会谈中,与美国相比,在谈判中朝鲜是弱势一方,在2005年第五轮会谈第一阶段会议结束后,朝鲜坚持,只有美国放弃对朝金融制裁,朝鲜才能重返六方会谈。此举为朝鲜在后来的谈判中获取了更多筹码。

在性别研究领域,伊庆春(2005)也指出,在工作中,女性如果能够采用男性的行为模式,则更容易成功。她分析到,"比如一位主管在公务的处理方面,遇到不合理的结果或是难以克服的问题时,若是其态度柔弱,通常会令人产生反感;相反地,一位咄咄逼人、坚持意见的女性主管恐怕比畏首畏尾、处处只能安抚的主管更能赢得重视或尊重"。

同时,也要注意,竞争策略运用不当易导致谈判破裂。正如一名谈判者在事后谈到的:

> 当经过一番谈判后,应聘者要注意察言观色见好就收,不要过度要求。否则让对方破例后,到时你进来后对方也会以更高的要求来考核你,还可能虽然现在答应了最后也不兑现。所以尽管对方提出的最高奖金并没有达到我心中的理想目标,但是在基本满意的情况下我还是欣然接受了。

第五,发出可信的威胁。Schelling(1960)指出,在双方对峙中,为了防止冲突升级,降低冲突的成本,采用威慑战略是一种有效的战略。威慑战略的核心是当事人能发出可信的威胁,例如,如果两国均拥有核武器,并且双方都明了对方的核武器装备是真实可用的,那么他们彼此所形成的威胁就是可信的,并且会因此遏制战争。另外,如果两车狭路相逢,彼此都不肯退让,这时其中一车的司机把方向盘拆下来扔出窗外,并继续保持高速行驶,这种威胁就是可信的,既然他已经无法改变行驶方向,另一车只有选择改道而行。具体在谈判中,当谈判者居于劣势时,可采用类似破釜沉舟的思路。当项羽的部队与秦军交战时,项羽一方落败,项羽便命士兵将锅和船悉数损毁,实际上就表明了一种背水一战的态度,以此发出了可信的威胁。如果秦军知晓这一点,自然就明白项羽的部队为了保存性命必然会全力以赴。再者,在谈判中,弱者可以先通过新闻发布会等方式将自己的打算公之于众,对方要么接受这样的协定,要么只能退出谈判,这也是一个险招。

第六,谨慎选择弱势方的团队的成员。当弱势方在选调谈判团队成员时,可以适当参考成员的特征,如性格、性别等。前面的研究显示,在现代性上得分高的个体,会更有改变情境的意向,例如在谈判中积极提问,了解对方的优先事项;具有促进性调节焦点的个体,会更擅长竞争策略,促进个体收益。

二、通过利益策略来间接提高个体收益

对于弱者而言,利用竞争策略来谈判固然可以提高收益,但缺点也是明显的,即成功的可能性并不大,对方可能不太理会这些策略,甚至可能引起对方更大的反击。与竞争策略相比,另外一个比较迂回的办法是采用利益策略,利用双方的差异来创造共同的价值,从而间接提高自己的收益。

前文提到,从谈判者的侧重点来看,谈判风格还可以分为利益、权利和权力三种(Ury, Brett, and Goldberg, 1988)。如果谈判者关注的是利益,那么其战略重点即是如何基于双方的利益侧重点来寻找互惠点,建立双赢的交易;如果关注权利,那么谈判者的策略是依靠公平公正的标准来赢得谈判,这种标准可能是来自法律、合同、行业标准、既有的案例,甚至约定俗成的做法;如果采用权力的风格,谈判者可能会采取威胁、嘲笑、争吵等手段来进行谈判。

弱者采用利益策略的背景在于,由于弱者的选择更少,往往不得不依赖对方的资源,这促使他们在互动过程中必然更多地关注并考虑对方,即具有较高的公共取向(communal orientation),而强者的选择更多,也有更多的资源和能力去实现自己的目标,不需要特别倚重弱势方,这导致他们不需要太多地关注和考虑对手的利益诉求和侧重点。在谈判中,弱者若想达到双赢,必然要成为挖掘利益、提出解决方案的角色。以往的研究也发现,在人际互动中,弱势方更有动机去了解对方,能更准确地判断对方的需求、情绪等(Fiske, 1993;De Dreu and Van Kleef, 2004),也更多地表现出亲社会和无私的行为(Piff et al., 2010)。

因此,弱者要通过"将蛋糕做大"的利益手段来提高自己的收益。对于弱者而言,与强者一争长短固然可行,但也存在着谈判破裂的危险,而且,弱者之所以是弱者,是因为其对谈判和对手的依赖程度更大,因此,如果能通过兼顾双方利

益的方式来促成谈判,则更容易为对方所接受。利益策略的贡献在于,不仅能够提高自己的个体收益,还能够扩大利益空间,将蛋糕做大,提高联合收益。如果谈判事项只有一个,那么弱者应尽量引入新的谈判事项,将之变成整合性谈判。

举例来说,就国际谈判而言,随着世界各国经济、生态等各方面的相互依存程度增大,谈判出现了更多整合性的机会,弱势国家可以充分利用这些机会来获得双赢。例如,小约瑟夫·奈(2005)援引《纽约时报》的文章指出,"最近10多年来,发展中国家第一次在一个问题上拥有了发言权。它们在债务谈判中没有发言权,但是,它们是环境的一部分,现在拥有发言权了。而且,它们正在运用这个权力。这就是它们的谈判策略"。穷国的需求是资金和技术,发达国家的需求是穷国减少气体排放,停止砍伐森林,等等,鉴于双方需求不同,双赢的方案得以产生。

对弱者来说,与使用竞争策略相比,利益策略能够减少交易成本,提高结果的满意度,并且有助于双方关系的持久发展,对于降低冲突的重现率也是有好处的(Ury et al., 1993)。因此,弱者应尽量推动谈判朝着利益化的道路发展。

从跨国谈判来看,中国谈判者往往竭力推动能促进双方共赢的策略,为自己争取更大的利益。在宏观层面,邓小平针对香港问题提出了"一国两制"方案,既保证了中国主权,驳回了英方"以主权换治权"的方案,又保证了香港继续繁荣稳定,实现了双赢。从企业的微观层面来看,从20世纪90年代初期,我国在与外资企业的谈判中便开始实施"以市场换技术"的战略,借助我国的市场潜力和廉价劳动力的优势条件,来吸引国外的投资、技术转移和成熟管理方式。尽管这种策略在后来被证明弊病颇多,但其初衷仍然是各取所需、互利共赢。

1972年,在中美建交谈判前的先行技术安排中,白宫发言人齐格勒提出,考虑到这是重大新闻,在尼克松总统访华期间,美方的随行记者需要通过通信卫星来转发大量的电视、图片等。我方表示,如此的话,请美方协助租用一颗通信卫星。齐格勒表示,考虑到卫星的租金较高,美方希望中方在北京、上海、杭州修建通信卫星地面站,费用由美方自己承担。周恩来听取了中方工作人员的相关汇报后,做出如下批示,首先,请美方负责为中国政府租用一颗通信卫星,租用期是北京时间1972年2月21日上午1时至2月28日24时;第二,在租用期间,这颗卫星的所有权属于中国政府,美国方面事先向中国政府申请使用权,中国政府将予同意,中国政府向使用者收取使用费;第三,租用费和使用费都要合理。周总理的做法,既宣示了我国的主权,也为国家节约了外汇,圆满解决了卫星租用的问题。

万科集团曾经遭遇到一次与市政府的谈判。1997年,万科在深圳开发了一栋居民楼,外观为绿色,在即将交付使用时,上级规划部门通知万科,这栋楼应立刻停建,原因在于绿色不符合城市的整体规划。然而,这栋楼如果不能按期交付,对万科来说意味着一场较大的危机。当年,受到亚洲金融危机的影响,深圳的楼价显著下跌,如果万科违反合同,各种成本、费用等损失可多达一亿元。在这场博弈中,万科显然处于下风,首先,面对的是主管部门,其次,客观上可能也存在违反规定的事实。这个时候,竞争策略(硬碰硬)显然是行不通的,必须提出双赢的解决方案。经过与政府的多番协调后,万科颇有创意地提出了一个青笋色,将楼的颜色做成渐变色,下半部分的绿色保持不变,往高层颜色逐渐变浅。这样,既不需要更换所有的外立面,账面损失减至500万元,又符合主管部门的规定。

三、提出新的公平原则

追求公平和合理是人的一个本能。人们不仅关注谈判结果的公平性,也主张谈判过程的公平性。在谈判中,公平是一项天然的权利准则。因此,弱者也可援引公平法则来主张自己的权益,争取自己的利益。

公平法则的作用在于提供了一种参照标准,让谈判双方有了讨论的基础,进而可以缩小彼此间的分歧。人们往往愿意接受客观的标准,而不是简单屈从于对方的利益主张。一般而言,公平法则包括平等、权益等方面,具体到谈判中,在薪酬谈判时人们会参照同类职位的市场平均薪酬,在商品买卖中考虑市场均价,在法律诉讼中参考已有判例,等等。

抛开主观立场,由于人们在价值观、个体经历等方面的差异,人们对何为公平存在着不同的看法。例如,在全球气候谈判中,发达国家与发展中国家认定的公平标准有差异。发达国家认为,尽管其既往的碳排放量较大,但过去并不了解二氧化碳对环境的危害,因此应秉承"无知者无罪"的原则,而发展中国家则主张要追究既有伤害。另外,发达国家认为应计算一个国家整体的碳排放,而许多发展中国家由于人口基数大,则认为应按照人均碳排放来计算。纵然如此,对于单个谈判者来说,能够提出有利于自己的公平法则仍然是有意义的,这会促使谈判的另一方对谈判利益的划分进行重新的思考。特别是,如果对方一时提不出更有效的、更合理的公平法则,谈判者之前的方案至少提供了一个讨论的基础,甚至是锚定,让双方能够超越单纯的争执,达成双方都可接受的方案。

张祥(2014)讲过运用公平法则来占据谈判优势的例子。1945年7月,中国法官梅汝璈参加了远东国际军事法庭对第二次世界大战战犯的审判工作,即著名的"东京审判"。国际军事法庭由11个国家的代表组成。在美国的操纵下,澳大利亚代表韦勃爵士被任命为远东国际军事法庭庭长,占据了审判席中央的首席,同时,美国律师季南担任首席检察官,坐庭长右手的第二把交椅。因此,庭长左侧的第三把交椅便成为各国法官争论的焦点。梅法官意识到自己是代表中国而来,因此为了国家利益,也要设法争取坐上第三把交椅。于是他当众宣布:"若论个人座次,我本不在意,但既然我们都代表各自国家,则我尚需请示本国政府。"若果真如此,除澳、美以外其他九国法官都要请示本国政府,势必要耽搁时间。若九国政府意见不一要再度协调,则不知何时才能定好座次开席。

正当各国法官不知所措之际,梅法官又提议道:以日本投降时各受降国签字顺序排列法庭座次最为合理。对此超脱各自利益的客观准则,大家一时也提不出异议。

然而开庭前一天预演时,庭长韦伯突然宣布法官入场顺序是美、英、中、苏……梅法官意识到若预演时默认遵行,那么次日开庭座位就因袭而定,无法更改了。于是他当即脱下黑色法袍,拒绝登台。他提出:"既然我对法庭座次的建议在同人中无甚异议,我请求立即对我的建议表决。否则,我只有不参加预演回国向政府辞职。"

庭长韦伯在梅法官按另一客观原则进行表决前提不出更好的想法,只得召集众法官表决,结果大家都同意按在日本投降书上受降国的签字顺序进行座次的安排。而这个签字的顺序是美、中、苏、加……于是就按这个次序排定了法官入场顺序和座次。最终梅汝璈被安排在第三个入场并坐在庭长左边的第三把交椅上。①

四、提高对方对谈判的承诺感

在与强者的交手中,弱者可适当使用一些影响策略,例如抓住时机、让对方在谈判早期公开承诺、提高对方对谈判的沉没成本,等等。承诺的内容可以是协议的一部分,也可以仅仅表示对被承诺方某些方面的认可。承诺背后的原理是一致性(consistency),即人们希望自己的行为或态度保持一定程度的一致,如果前后矛盾,则会出现认知失调,人们随即会想办法克服认知失调。有研究者在美国加州的一个住宅区进行了一个现场研究,研究者挨家挨户地敲开房门,请求住户同意他们在前院的草坪上安放一个巨大的安全驾驶指示牌,大多数住户都表示了反对。在大约两周之后,研究者重新拜访了这些家庭,这次他们首先请求住户同意他们在草坪上放一个较小的安全驾驶标志,这几乎都获得了准许。两周之后,研究者又到这些家庭重新提出了最初的要求,结果,出人意料的是,大多数家庭同意了这一要求,而他们在一个月前已经明确表示了拒绝(Freedman and Fraser,1966)。研究者认为,这一偏好的逆转与承诺性有关,当这些家庭同意了安放小广告牌的请求后,便不愿意再对研究者表示拒绝,否则就打破了自己的一致性,这种一致性可能是针对研究者本身的,也可能是针对广告内容的(承诺安全驾驶)。类似的,Mazar et al. (2008)在麻省理工学院做了一个实验,在考试前请大学生被试先签署了一份诚信声明,结果发现,这样的承诺确实提高了诚实的比例。

2010年,鼎衡船业公司的一艘货轮"金色祝福号"在亚丁湾海域被索马里海

---

① 张祥. 国际商务谈判——原则、方法、艺术[M]. 北京:社会科学文献出版社,2014,第182页.

盗劫持,船上载有货物,并有19名中国船员。在鼎衡船业公司与货轮取得联系后,海盗索取了高额赎金。这场交易潜在的风险是,尽管双方是"一手交钱,一手交货",但如果海盗拿到了赎金后却不放人,鼎衡没有可靠的约束措施,法律等手段显然都行不通。然而,在与海盗的谈判中,鼎衡船业公司的谈判人员发现这些海盗笃信上帝,因此,在谈定赎金后,他们在电话中要求海盗做出口头承诺,必须向上帝发誓会放人。海盗尽管不情愿,仍然发了誓。之后,海盗拿到赎金后,果然依约放人。海盗之前的发誓在一定程度上约束了他们的行为。

在中国招商引资的初期,由于众多跨国公司都表达了进入中国的意图,因此中国企业常运用"货比三家"的策略,即让几个谈判对手彼此竞争。例如,1995年,上汽集团决定与国外的汽车公司进行合资,生产中高档汽车。在初步甄选后,上汽锁定了美国的通用汽车和福特汽车两个选择。上汽的策略是,利用双方都欲合作的心理,尽可能让双方拿出较好的条件来谈判,并且以基础协议的形式固定下来,为上汽争取了有利的条件。这实际上与西方谈判理论中强调BATNA的理念是一脉相通的。上汽集团董事长胡茂元这样说道:

> 在谈判中,一对多谈的阶段相对好谈,一对一谈时,应该讲在某些方面我们就是弱者。在一对一谈判前,我们需要设法将一对多谈判达成的成果以书面形式固定下来。因此,在过去一般项目建议书、可行性分析、合营合同、公司章程的全套程序前,我们增加了一个基础协议(即"合作备忘录"),就是将一对多阶段达成的成果通过"君子协议"约定下来,作为一对一谈判的基础。[①]

尽管基础协议没有法律效力,但这是双方认可一对多谈判成果的书面记载,为进入一对一谈判阶段做好了准备。

谈判专家指出,在与"巨人"进行谈判时,为了提高对方的承诺,可以采用以

---

① 上海通用的诞生:共赢才是大智慧,http://auto.sina.com.cn/news/2008-08-04/1127398727.shtml

下几个办法。① 第一,应签署有效、难忘的协议,经常用信件或电子邮件跟进,每个月都要设法重温这个协议,或者给对方寄去纪念品以提醒对方;第二,引入法律顾问或仲裁人员作为协议的监督者;第三,建立有意义的惩罚机制;第四,哪怕对方并没有同意签署协议,也可以考虑做简短、明确的备忘录(例如记在日程本上),这能给弱者提供可靠、潜在的证据。

提高对手的沉没成本也是可行的办法。例如,将谈判分成若干阶段,或者延长每次的谈判时间;安排对方谈判者到己方的公司来参观公司环境和产品线,或者安排他们与本公司的优秀客户座谈,这样一方面可以让对方了解本公司的优势,另一方面也可以提高他们的一致性;另外,还可以要求到对方的公司回访,多提问题,多索取资料,以此提高对方对当前协议的投入。

五、唤起强者的合作导向

前文对权力研究的回顾指出,一般而言,权力持有者通常比弱势者更只关注自己的利益,表现为个体化的动机取向,不关注他人。然而,有些研究也发现,某些具有特定特征的谈判者,或者在特定的情境下,也能表现出合作取向。第五章的研究发现,如果强权者具有较高的传统性,那么会更有助于联合收益的提高。

第一,激发对方的影响动机。尽管以往的研究发现,权力导致个体更自私,更自我中心(Kipnis, 1972),然而,强权者通常具有较高的影响动机(need for influence)或权力动机(need for power);研究者也发现,权力较大的组织成员对组织目标更为关注(Overbeck and Park, 2006)。

在《三国演义》中,刘备三顾茅庐,请诸葛亮出山,诸葛亮推辞道:"亮久乐耕锄,懒于应世,不能奉命",刘备便流着泪说:"先生不出,如苍生何!"刘备并没有

---

① 〔美〕彼得·约翰斯顿. 劣势谈判:从巨人手里得到你想要的一切[M]. 吴婷,李建敏译. 海口:南方出版社,2014,第55页。

强调诸葛亮出山对自己的重要性,反而从天下老百姓的福祉出发,唤起诸葛亮的责任感,从而间接达到自己的目的。

  IBM前总裁郭士纳在回忆录里写道,在IBM亏损数百亿时,他之所以决定接掌IBM,主要原因是IBM在美国人民心中占有重要地位。IBM招聘委员会的负责人伯克做了一个很有说服力的劝说,"为了美国,你应该承担这份责任"。伯克认为,IBM就是美国的财富,因此扭转IBM的颓势应该是郭士纳义不容辞的职责。同时,郭士纳说,"我总是习惯于接受挑战。IBM的那个职位是一个令人羡慕、甚至让人害怕的职位,但同时也是一个吸引人的职位"[1]。

  类似的,1983年,乔布斯邀请百事公司的营销奇才约翰·斯卡利加入苹果公司担任首席执行官。斯卡利一度非常犹豫,导致乔布斯花了很长时间来游说他,向他解释苹果公司的使命和价值观,以及苹果公司想要改变人们使用计算机的方式。由于还是拿不定主意,斯卡利试探性地提议说也许他们应该只做朋友,他可以作为局外人给乔布斯提出建议。乔布斯低着头,看着自己的脚,在一段沉重的、不舒服的沉默之后,他向斯卡利抛出了一个问题:"你是想卖一辈子糖水呢,还是想抓住机会来改变世界?"斯卡利后来讲述,他当时感觉就像"有人往他的肚子上狠狠揍了一拳"。除了默许,他无言以对,随后好几天都激动不已、无法释怀。斯卡利回忆说:"4个月来,我第一次意识到自己无法说'不'。"[2]

  2010年海地发生了里氏7.0级大地震,伤亡惨重。联合国也展开了人道主义援助,并发出了紧急募捐的呼吁。联合国时任秘书长潘基文先后联系了韩国和日本的首脑:

    李明博是当时韩国的在任总统。第一通电话打完之后,秘书长从对方手里仅仅要出了不足称道的××万美元。大度的潘基文开始并没有嫌少,他不过是感谢对方,之后潘基文体现出了顽强的一面,在他挂断电话之前,他若无其事地提了一句:"日本人已经保证向海地捐款××万。"……凡是血

---

[1] 〔美〕路易斯·郭士纳.谁说大象不能跳舞[M].张秀琴,音正权译.北京:中信出版社,2003,第12页.
[2] 〔美〕沃尔特·艾萨克森.史蒂夫·乔布斯传[M].管延圻等译.北京:中信出版社,2011,第142页.

性十足的韩国政客,谁能同意韩国被日本盖过去?所以几秒钟之内首尔又增加了××万。

……之后潘基文又拨通了日本首相的电话,说:"你猜到了吗,李明博才为海地救援捐了××万。"日本首相又怎么想?日本毕竟比韩国富,他们不能比韩国人出钱少……然后潘基文又把电话打回首尔,猜他是怎么说的?"东京出××万,你手里还宽裕吗?"①

对于强权者来说,他们通常有着较高的社会声誉,较为爱惜面子,弱势者可以充分利用这一点。

第二,唤起强者的同情心和内疚感。影响策略包括直接影响策略和间接影响策略,前者包括辩论、威胁等手段,后者则包括以情动人等。当居于劣势时,表达愤怒可能激怒对方(Lelieveld et al., 2012)。这种情境下,谈判者应以间接影响策略为主,例如,表达失望要比表达愤怒更能引起对方的负罪感。

《晋书·李密传》上记载,李密是蜀国的一位有才华的官员,在蜀国灭亡后,以"亡国贱俘"的身份被晋武帝征召。晋武帝比较赏识李密,想收编他,以笼络天下,但李密无意仕晋,便以祖母刘氏为挡箭牌。在上给晋武帝的《陈情表》中,李密反复诉说了祖母对自己的恩情和自己的孝心,"祖母刘悯臣孤弱,躬亲抚养。臣少多疾病,九岁不行,伶仃孤苦,至于成立",而"刘夙婴疾病,常在床褥;臣侍汤药,未尝废离","祖母无臣,无以终余年"。同时,李密将自己的行为与朝廷的政策联系起来,"夫惟圣朝以孝治天下,凡在故老,犹蒙矜育;况臣孤苦,特为尤甚"。最后,李密还许下未来的承诺,"臣密今年四十有四,祖母刘今年九十有六,是臣尽节于陛下之日长,报养刘之日短也"。以此,李密成全了自己的孝名和对前朝的忠名。仔细分析李密的策略,一方面,他采用诉苦的方式唤起了强者的内疚感,另一方面,他声称孝行是受到了皇帝的感召,表明双方的目标是一致的。

---

① 〔美〕汤姆·普雷特. 对话潘基文[M]. 史国强,潘佳宁译. 北京:现代出版社,2013,第186页.

六、采用联合策略

弱者可以通过联合策略让自己变强,包括联合强者的其他弱势对手,形成联盟,或者引入第三者,用来制衡强者,甚至可以在强者内部寻找合作者,最终突破对手的阵营。

第一,联合其他弱势者,寻求共同利益。

在与强者交锋时,弱势者为了改变势单力孤的局面,可以采取"合纵"的办法,即与其他弱势者联合起来,结成利益联盟。通常而言,这些弱势伙伴有接触的意愿,而且彼此间很容易找到共同点,联盟将使他们形成共同的利益基础。

在国际气候谈判中,小岛屿国家联盟(Alliance of Small Island States, AOSIS)是一支重要的参与力量。随着全球变暖和海平面的上升,图瓦卢、汤加、马尔代夫等小岛屿国家深受其害,不仅生态受到了严重破坏,甚至整个国家都要面临被海水淹没的危险。同时,这些小国家的经济、技术和政治力量都有限,无力对抗气候谈判中的发达国家。小岛屿国家联盟的存在使这些国家有效地团结起来,扩大在谈判中的影响。

美国社会的消费者集体诉讼制度也是一个类似的例子。当单个消费者的利益受到大厂商侵害,如产品有缺陷、提供的服务不当或者定价不合理等时,通常无力发起旷日持久的诉讼,集体诉讼使消费者得以以尽可能少的精力,弥补被损害的利益。

员工的集体谈判也是一个范例。工会代表其成员与雇主就薪水、福利、退休年龄等问题展开谈判,与雇主形成旗鼓相当之势,有效地保护了雇员的利益。与之类似的是美国电视剧集《老友记》主演所展开的谈判。《老友记》是美国电视史上的经典之作,开播时六名主演都没有多大的名气,片酬也不高,每集大约只有2万美元。随后,这部电视剧受到了观众的热烈欢迎,收视率越来越高,到了第八季时甚至拿到了全美第一。这部剧集给美国全国广播公司(NBC)带来了巨额的广告收入,演员们的薪酬虽然也比第一季有所提高,但还是远不及利润的飙升速度。尽管演员们都想提高片酬,然而面对大制作公司和电视台,个人的力量毕竟是薄弱的。幸运的是,这六名主演私下里也和在片中一样相处得非常融洽,于是,从第三季开始,在罗斯的扮演者戴维·修蒙的提议下,六个人决定联合起来,一同向 NBC 提出增加片酬的要求。为了防止 NBC 打破他们小联盟的尝试,例如撤换其中某个演员,或者只给某个演员加薪来离间他们,六人决定共进退,要求 NBC 必须同时给他们所有人加薪,并且保证相同的片酬,否则就一同退出。考虑到联盟的力量,以及这部剧的火爆,到了第十季,他们的片酬达到了惊人的每集 100 万美元,这在 2003 年是一个不可思议的数字,通常只有一线的电影明星才可能拿到。之后,《生活大爆炸》《摩登家庭》等剧集的主演也用这种集体谈判的方式,为自己争取到了更高的片酬和利益分成。

就前文所提到的框架传媒收购的案例,在发起收购前,谭智告知分众传媒创始人江南春,他所在的框架传媒计划将北京、上海、广州、深圳四地的十多家电梯海报公司整合成一家,并将这家公司整合上市。对此江南春一笑置之,原因在于,这十几家公司一直是互相竞争的关系,彼此间并不友好,况且每个公司创业者的出身也不相同,要把不同产权关系、不同文化背景、不同地域、不同实力价值的公司整合为一家公司,几乎是不可能完成的任务。江南春回忆道:

> 我当时盘算:这是即使当时手中有着数千万美元、上市在即的分众也不敢想象的事情,怎么可能被老谭这样一个人做到?在一笑之间,我依旧不想扫了老谭的兴致,待到结束时,我说:"这似乎是一件很困难的事,如果你做得成,分众十分愿意和你展开合作。"
>
> 这句话其实是一句客套话,几个月之后我就去了美国路演,并于 2007 年 7 月 13 日带领分众登陆纳斯达克。回来还不到一个月,老谭就来上海和我见面,这次他带给我一个意外的消息,他说他用几个月时间已如愿以偿地把市场上原来都只赚几百万人民币的电梯海报公司收购并整合成一家了,由于市场占有率超过 90%,所以场地租金的上升态势被抑制了,而价格战也已熄火了,把握着定价权的新框架公司,明年将有千万级美元的利润。

第七章　以弱胜强的策略

在我惊讶之余,老谭又迅速地将三个选择放在我的面前:(1)新框架独立上市;(2)卖给分众;(3)与当时分众的最大竞争对手聚众整合。

在那一瞬间,我知道我别无选择,老谭超速度的整合已牢牢地把握了主动权。接下来就是一连串的谈判,最终刚刚上市3个月的分众,在十月份宣布出价1.83亿美元收购框架,而老谭选择了80%的换股而非现金,换股价24美元。当老谭及其股东最后一次出售手中持有的股权时,价格已比当初的24美元足足高了五倍,也就是说老谭用5 000万人民币发起的整合最终在资本市场兑现了5亿美元。

第二,引入外力以制衡强者,以减少弱者对强者的依赖。

中华人民共和国成立前,中国共产党一直处于被国民党迫害、清洗和打压的状态。抗战胜利后,在国共的接触中,为了争取和平,周恩来一直采取借力打力的方式,例如邀请美国方面的介入。1943年,周恩来邀请美国派军事观察组到陕西、山西等敌后根据地去搜集情报,当美国特使赫尔利来到中国后,周恩来积极邀请他到延安参观。正是在美国的调停下,国共双方达成了重庆谈判的意向。在国共谈判中,为了推动协议的达成,周恩来与国民党中的爱国人士,例如原黄埔学生、南京政府军将领宋希濂等人进行了广泛接触,宣传中共的抗日主张,以获取"愿和平、准备抗战"的共识。在第一次庐山会议会谈前夕,周恩来致信胡适等各界知名人士,以争取社会各界的广泛支持,获取同情。在第二次庐山会议会谈期间,周恩来等人探望宋庆龄,征求她对《中共中央为公布国共合作宣言》的意见。通过这一系列广为联合的工作,周恩来使社会各界、知名人士乃至国外友人对中共的谈判主张给予了理解、同情与支持。

诺贝尔和平奖获得者、南非前总统曼德拉领导了南非的反种族隔离运动。面对当时政府的强硬种族歧视政策,曼德拉采取了联合策略,例如让非国大与印度人、白人和有色人种联手,这些同盟军带来了组织技巧、经验和社会关系。曼德拉还走出国门并为非国大争取了更多的支持者,例如从新近独立的非洲国家,包括突尼斯、塞拉利昂和几内亚那里得到财政和其他形式的援助。后来,赞比亚和坦桑尼亚为非国大提供基地以供其协调国际努力、训练游击队和向非洲民众广播新闻。印度、荷兰、挪威和瑞典也对非国大的行动提供了支持。在南非当地共产主义者的支持下,苏联与非国大建立了联盟并向它提供财政支持、军事训练和武器。许多美国公司也通过采取结束或减少在南非的业务的行动来表示对抵抗运动的支持,例如纽约的大通曼哈顿银行中止了向南非政府提供的5亿美元短期贷款。这些都给南非当局施加了很大的压力。①

弱势者在谈判时还可以考虑找来其他更有权力的第三方,在关键时刻提供信誉、资质、能力等的背书,间接提升自己的权力。

第三,从强者内部突破,寻找支持者。

即使是强者内部也并非铁板一块,各方可能存在利益的不同,弱者可从旁观察,寻找突破点。

在1954年日内瓦会议期间,面对美国代表团的竭力阻挠,周恩来先后会晤各国使团代表,反复阐明了中国政府对解决朝鲜问题和印支问题的原则立场,以争取各国代表和外国友人的赞同与支持。在周恩来的争取下,甚至美国的盟友、英国外交大臣艾登也在私下会面时表达了对周恩来的支持。

七、借助舆论的力量

第一,通过社交媒体发声,争取舆论的支持。当一方实力弱小时,可考虑通过舆论的力量来推动实现自己的权利,尤其是随着社交媒体的普及,弱势群体的发声常常可以获得病毒传播,部分改变人微言轻的状况。对于强者而言,通常较为关注公关形象,不愿给人留下不公正或者欺凌弱小的印象,因此这个策略有了更大的发挥空间。

一个著名的例子是,据英国广播公司(BBC)2008年报道,加拿大歌手戴夫·卡罗尔当年曾乘坐美国联合航空公司的客机到美国内布拉斯加州旅行,托

---

① 〔美〕彼得·约翰斯顿. 劣势谈判:从巨人手里得到你想要的一切[M]. 吴婷,李建敏译. 海口:南方出版社,2014,第130页.

运了一把价值不菲的泰勒牌吉他,结果在芝加哥的奥黑尔机场被美联航的行李运输工摔坏了。在近一年的时间内,卡罗尔不断地向美联航提起投诉,要求赔偿相关损失,但都被忽视了。这是个人消费者对阵大公司的纠纷,无奈之下,卡罗尔录制了一段名叫"美联航摔坏了我的吉他"的视频发布到 YouTube 网站上,在视频中,他和其他演员通过说唱的方式简单回顾了事件的经过。由于视频制作有趣,曲调朗朗上口,结果在短短 10 天内,这个视频就受到了广泛的注意和传播,并引起了美联航股票的下跌。这对美联航来说无疑意味着一场公关灾难,事后美联航迅速对卡罗尔做出了弥补,并将该视频作为内部培训素材。卡罗尔的视频后来还被《时代》杂志评为 2008 年十大病毒传播之一,可见其影响力之大。

另外一个例子是无国界医生的举措。无国界医生是一个独立的非营利医疗组织,在多个战乱国家无偿为灾民、难民等提供医疗救助和服务。2015 年 10 月 3 日,美军向阿富汗昆都士的创伤医院发动了致命空袭,这场空袭至少杀死了 30 人,包括 14 名无国界医生员工,并摧毁了无国界医生的医院,而该医院是数十万人在阿富汗东北部唯一的专科创伤医院。美军称之为一次失误,但不愿透露细节。为了给美国施压,无国界医生在其社交媒体账号上发起了一个"一起拍照,表达要求♯独立调查♯昆都士"(♯Independent Investigation♯Kunduz)的活动,邀请其粉丝和支持者手执写有♯独立调查♯和♯昆都士♯话题的字牌,拍下照片,并分享到社交媒体上。经过两个多月不断的努力,全球超过 50 万人联署了这个活动,无国界医生将诉求提交到白宫,要求总统奥巴马同意,由国际人道主义实况调查委员会(IHFFC)展开独立调查。尽管到目前为止,美方只处罚了一些基层人员,但这个网上行动至少在一定程度上遏制了之后类似事件的发生。

第二,遵循可得性启发原理,采用易传播的方式。为了达到效果,弱者应考虑采用特定的手段以促进传播,例如有冲击力的图片、条理清晰的图表、戏剧性的呈现方式等。可得性启发(availability heuristics)是指当人们在判断时常常认为那些容易提取的信息有着更高的发生频率,例如当人们被要求判断某个地区胃癌发病人数与车祸死亡人数时,总是认为后者的人数更多,原因在于非正常死亡的记忆比起疾病来说更容易提取。

按照可得性启发原理,图片常常比文字更能吸引人们的注意力。在希望工程的筹款过程中,一个重要的里程碑就是一张《我要读书》的照片的发布。在这张黑白照片里,背景是一间乡村小学的教室,一个女孩坐在书桌前抬起头,大眼睛里传递了无奈和冷静,但更多的是希冀。照片具有强烈的感染力,后来被中国青少年发展基金会选为希望工程宣传标志,这个女孩也成为希望工程的形象大使。无数人因此向希望工程捐款,由此改变了数百万贫困家庭孩子的命运。

细节也有助于记忆的提取。例如,在说服对方时,在资料中包含足够详尽、来源可靠的数据,并尽可能采用动态的形式展示,均可以给对方留下深刻印象。奥美公司是全球最大的传播集团之一,其创始人大卫·奥格威曾经谈到过,广告设计的首要原则是要使用强烈、单纯的颜色,这样传递信息就快些,并且最重要的是,文字要尽可能大(用粗衬线字体),而且品牌名字要安排得醒目。使用这样的方式,观众或读者会更容易被广告所呈现的信息说服。一个例子是苹果公司每年春季举行的年度发布会。苹果公司的发布会具有独特的风格,在一定程度上促进了人们对产品的关注。例如,发布会一般会模仿剧场的效果,采用大屏幕投影,每页幻灯片的内容都非常简洁,只展示关键信息,字体较大,容易阅读。

八、改善谈判场景

在本书第五章我们提到了谈判场所可能产生的影响。实际上,弱势谈判者可以巧妙地利用谈判场景(例如谈判地点、场地安排等)为自己营造优势,至少可以从如下几点入手。

第一,利用主场优势。

针对体育比赛的研究发现,主场优势确实存在。研究者调查了美国、英国和加拿大八万项体育比赛赛事的结果,发现足球比赛的主场优势达到69%,篮球比赛为64%,冰球为61%,接下来是橄榄球和棒球(Courneya and Carron,

1992)。无论如何,主场优势不能被忽视。原因在于,对于参加比赛的队员而言,常常受到社会助长(social facilitation)的影响,也就是说,当其他人在场的时候,个体会因此受到激励,从而表现出更高的绩效水准。

在谈判时,弱者可充分利用主场优势,将谈判场所安排在本国、本公司或者己方熟悉的场地,一则在心理上可以更加舒缓,利用社会助长的作用,再则在谈判安排上可以从自己的方便出发,例如在陷入僵局时安排茶歇等,另外也可免去舟车劳顿、时差颠倒之苦,做更充裕的准备。

第二,选择弱化权力的场所。

谈判场所对个体有强烈的暗示意味。对于弱者而言,不要选择那些强化权力对比的场所,例如办公室、会议室等正式的谈判场地,而要选择弱化谈判气息的地点,例如度假村、高尔夫球场等(参见第五章)。

第三,依照具身认知的原理,在谈判环节的安排上打破敌对气氛。

具身认知(embodied cognition)是指身体和心理(认知)能够互相影响,一方面,身体的状态能够影响认知的过程,另一方面,认知不仅仅依赖于大脑的神经细节,也依赖于个体的感知和动作系统,依赖于个体的身体与环境。具身认知受到了众多研究的支持。例如,研究者发现,当实验中被试摸到热的刺激(而不是冷的刺激)后,更倾向于将礼物送给朋友而不是自己(Williams and Bargh, 2008)。在另外一个研究中,研究者出示了若干图片给被试看,一半被试被要求身体向前倾,一半被要求向后靠,然后他们对图片做出了评价。结果发现,前一部分被试对图片的评价更为积极,这表明身体姿势(与图片的接近程度)影响到了认知(Cacioppo et al., 1993)。当然,心理也能影响身体的感知。研究者要求被试回忆自己在社交中的不愉快经历,或者回忆快乐的经历,结果发现,那些回忆自己被排斥经历的被试,在茶歇时更愿意选择热的食物,如咖啡和汤,而不是冰淇淋或可乐。

具体而言,按照具身认知的原理,弱势谈判者至少可以做如下的安排。首先,增加躯体的接近。躯体的接近是非常重要的,尤其是在敌对关系中。谈判者如果主动触碰对方,则有助于减少对方的戒备心理,促进信任。例如,在商场的化妆品销售柜台,资深销售顾问经常会提出帮顾客上妆或者试用某种产品,这种有温度的接触让顾客在不知不觉中增进了对销售顾问的信任,最终导致购买。

研究者还发现,握手可以增强谈判者之间的信任(Valdu,2014),原因在于,按照进化心理学的思路,握手作为躯体的接触形式,只能发生在彼此信任的伙伴之间。

其次,关注谈判的细节。在安排座位时,双方应坐在桌子的同一侧,而不是桌子的两侧,否则会加深双方的对立。要考虑尽量让己方占据比较大的空间,让空间起到暗示的作用。如果你处于弱势,那么不要给对方安排较高的椅子,也不要让他的座位背对窗子——那样阳光会直射你的双眼,让你感到不适。如果谈判在你方的办公室或会议室举行,那么可以布置自己与重要人物的大幅照片或画像,或者公司所赢得的重要奖项、客户的感谢信,等等,以此来强化己方的权力。另外,按照具身认知的观点,谈判者可以通过提供热饮的方式让对方增进信任。正如Zhang et al.(2008)的研究,喝热茶或热咖啡会给对方带来心理上的温暖,从而对己方有更积极的评价,因此在谈判中应增加让对方感觉温暖或热情洋溢的细节。

第四,采用面对面谈判的方式,而不是电话谈判、邮件谈判等形式。

对于弱者来说,建立双方之间的信任将有助于推动谈判的进程。在电话或电视会议上,双方只能运用面部表情和声音语调来交流,其他形式的躯体语言,如握手、拥抱、蹙眉等,都无法表达出来。尤其是在对峙的关系中,社交礼仪和接待行为,对于缓解双方的紧张是很必要的,电视、电话或者邮件谈判都没有办法做到这一点。另外,在面对面谈判中,双方还有"走廊外交"的可能性,也就是为非正式的接触提供机会,双方可以通过私下的聊天,增加彼此的自我展露,解除敌意,促进信任的建立。

九、适当运用双方面说服等技巧

对于谈判者而言,说服手段在谈判中发挥着重要的作用。弱者可考虑适当运用以下说服的策略。

第一,采用双方面说服。

在说服对方时,可以采用单方面说服,即只强调有利于己方的论据,也可以采用双方面说服,即在强调自己优点的同时,也坦承自己的缺点。单方面说服的优点是,如果对方对这个问题了解不多、辨识能力不高,或者情境不允许他进行缜密的思考,那么单方面说服效果比较好,能起到"洗脑"的作用。双方面说服的问题在于可能让听众感到疑惑并且会削弱观点本身。然而,在谈判中,大多数时候谈判者的注意力还是比较集中的,认知资源比较充分,此时双方面说服会更容易消除对方的戒心,让听众觉得说服者具有公正性和无偏性,尤其是在身处劣势的时候,或者双方观点较为对立的时候,试图抹杀相反的观点只会适得其反。

在 Werner et al.(2002)的研究中,当大学生被告知"回收易拉罐会给你带来不少麻烦,但这确实很重要"时,比起只是被告知"请把易拉罐放到回收箱",回收比率大为提高。前者承认了回收易拉罐的不便,让听众感到更为公正,从而促进了说服效果。

在遭遇强敌时,秉持实事求是的态度,不"打肿脸充胖子",比虚张声势更能树立自己的信誉。

第二,寻找对方意料之外的论据进行说服。

按照说服理论,如果对方对于要说服自己的信息有事先的预警,则更难以被说服。认知反应理论(cognitive response theory)主张,当人们在被说服的时候,会首先寻找反驳的信息(counter-argument),如果一时无法提取有力的信息,那么便会接受对方的说服(Petty and Cacioppo,1979),也即是说,态度的改变与信息引发的认知反应有关。这意味着,在谈判中要从对方意料之外的点来发起说服。例如,大多数的谈判都以价格为核心,在价格上寸步不让,在这种情况下,如果谈判者从别的角度出击,比如付款条件、保修条件等,对方往往会猝不及防,这样便容易突破。

在《战国策》的名篇"触龙说赵太后"中,赵太后爱子心切,不想把儿子长安君送到齐国做人质,并且放言如果谁再劝她,必定要"唾其面"。触龙在规劝赵太后时,便没有开门见山直奔主题,而是先闲谈,徐徐解除赵太后的戒心,继而拜托太后照拂自己的儿子,最后才引申到何为真正的爱子。触龙先外围再中心的策略,让对方来不及思考如何驳斥,提高了说服的可能性。

第三,在说服时换位思考。

换位思考意味着从对方的角度来思考问题并寻找证据。研究者发现,拥有权力的个体更加以自我为中心,更关注自己的情感、意见和利益,不太可能从对方的角度来思考问题,对他人的判断准确性较差,这意味着,与强势者相比,弱势者更可能进行换位思考。在说服的时候,弱势者需要从对方的利益出发,指出当前方案给对方带来的好处。

第四,根据情境选用说服方式。

推敲可能性模型(elaboration likelihood model;Petty and Cacioppo,1986)指出,人们在说服对方时有两种方式,分别为中心路线和外围路线。前者是指采用信息、事实、数据等较为理性的方式,后者是指采用间接的、基于某些线索(例如说服者的魅力或专业性)的感性方式。谈判者要依据情境来选择说服方式。例如,感性说服在集体主义文化中更为常见,而个体主义文化更喜欢诉诸理性(Gelfand and Dyer,2000)。在遭遇强势对手时,诉诸同情也被证明是一种有效的谈判手段(Shirako et al.,2015)。

十、选派恰当的谈判人员

如前所述,谈判者作为谈判的主体,其身份、性格等将显著影响谈判的结果。在自我层次,现代性高、外向性高、具有促进性调节焦点的个体在谈判中更为积极主动;在人际层次,具有某些特性的谈判者则更容易与对方发展友好关系。

第一,选派与对方具有共享身份的谈判者。

在知晓对手身份的情况下,可以适当选拔与对方具有共享身份的谈判者,例如毕业于同一所大学、有类似的工作经历,等等,以拉近距离,增强彼此的自我展露。

第二，在多轮谈判中派驻同一名谈判者。

根据单纯接触效应(mere exposure effect)，与谈判对手增加接触，可以增加熟悉感，减少敌意，减少对抗性，在谈判中更容易唤起对方的同理心。因此，尽量不要反复更换谈判者，以免还需要重新培育关系。

此外，还需要控制参加谈判的人数。在复杂的谈判中，往往需要各方人士介入，例如法律顾问、会计师等，然而，人数越多，需要倾听的意见越多，冲突也越容易升级。因此，当情势紧急时，应尽量减少参加谈判的人数，在小范围内先达成一致的基本框架，再纳入其他人员去修订细节。

第八章　总结与讨论

一、总　　结

在人际互动中,双方不免存在权力的差异。这种差异可能来自备选方案、职位甚至性别。权力影响着谈判的方方面面。首先,权力影响着人们的认知、刻板印象和动机,导致人们会采用不同的谈判策略,例如竞争策略、利益策略等;其次,权力显著影响谈判的结果,权力与个体收益常常呈正相关的关系。对于中国谈判者而言,由于集体主义价值观对于和谐的重视、高权力距离对于秩序的强调、高语境文化对情境的关注,等等,权力的影响可能更大。

基于此,本书从多个角度系统阐述了权力在谈判中的影响。在对谈判进行概述的基础上,本书分析了文化对谈判的影响,以更好地理解权力与文化的交叉影响。接着,本书的研究可以总结为如下几部分。

（一）关于权力的影响过程和结果

本书通过两项实验研究考察了权力在谈判中的影响过程和结果,结果发现,权力对谈判者的目标/期望、第一次出价、动机取向、谈判策略和谈判者的个体收益均有显著的影响。这表明,权力是谈判中的一个重要的情境变量,在谈判前(目标)、谈判中(出价、让步、动机取向等)、谈判后(谈判收益、满意度等)均发挥着关键作用。

（二）关于弱者的有效策略

首先,对权力影响过程的研究揭示了弱者的某些策略有助于提高个体收益,例如采用竞争策略(提高第一次出价),不过这些策略的使用也可能会触怒对方,从而对弱者不利。

在第五章,本书探讨了一种具有代表性的谈判风格——战略型谦抑,这种风格强调在强者面前隐藏自己的竞争动机,并尽量让对方减少竞争性,采用出其不意的方式取胜。在中国历史上可以找到很多类似的例子。对于这种"扮猪吃老虎"式谈判风格的争议是,过分强调计谋,可能违反谈判伦理。

接下来,考虑到女性的社会权力低于男性,女性在两性互动中常常居于权力的劣势,因此,本书的第六章还从女性谈判者的角度探讨了可能的应对策略。

在第七章,本书从理论和谈判案例的角度,总结了弱者的十个策略,包括通过利益策略达到双赢、提出新的公平准则、采用联合策略,等等。

（三）谁是"牧羊少年大卫"？——关于谈判者的特征的影响

本书还从谈判者的角度,考察了具有哪些特征的谈判者可以在身处弱势时改善"命运"甚至反败为胜。例如,弱者的促进性调节焦点、外向性、现代性等特征都有助于提高收益。除此之外,强势一方的某些特征也会影响谈判结果,例如传统性较高的谈判者会更注重谈判结果的共赢。这部分研究一方面补充了以往权力研究中的未尽之处,另一方面,对谈判者而言,意味着在进入不均衡谈判时应留意对方谈判者的性格和文化价值观,以促进谈判收益。

二、讨 论

在前文分析的基础上,下面两个问题值得留意。

(一) 弱者的选择:"不折不从"还是"亦慈亦让"?

作为谈判或其他人际互动中的弱者,面临的一个重大挑战就是如何尽可能突破权力的障碍,为自己争取尽可能多的利益。本书讨论了下面两种途径。

1. 针锋相对

在面临强大对手时,有的谈判者选择直面冲突,"迎难而上",与对方针锋相对地进行谈判。本书的第三章讨论了弱者可以采用竞争策略来改善处境,并且证明,如果弱者在谈判前树立较高的期望、在谈判中积极寻求有关信息,将有助于自己的收益。然而,第三章也发现,竞争策略的危险在于会引起对方的负面评价和回击,原因在于竞争策略违背了弱者的角色图式。

2. 迂回行事

在某些情势下,弱者可以避开对方的火力,采用迂回的办法来达到目的。例如,谈判者通过利益策略来提高双赢程度,致力于创造价值而不是索取价值,以共同利益而不是个体利益作为诉求,这样对强者的威胁可能会少一些。有些策略也可以归为此类,例如提出新的公平法则以锚定对方、实施有效的说服、唤起对方的同情心和承诺感,等等,其特征是不会直接挑战对方,但能影响到利益分配。

以女性谈判者的应对策略为例,大多数谈判领域的研究者主张应迂回行事,而不是针锋相对。例如在本书第六章提到的,女性应诉求于利益共同化,强调合作共赢的重要性(Heilman and Okimoto,2007)。在谈判风格上,女性谈判者需要在坚持主见的同时表现出亲和力,多微笑,多表达对对方的关心。另外,在谈判前应为自己的谈判动机提供合理的解释(Bowles and Babcock,2013)。然而,有的研究者也指出,表现出与权力相符的行为模式并非上佳的选择。例如,社会学家伊庆春(2005)认为,"一位女性之所以能与人一争长短,甚至脱颖而出,恐怕不是单纯的女性特质所能办到的。她必须在成功的条件上具备与男性一样的特质,也就是在办事效率、分析问题、应对进退上,都表现出男性主管所可能采用的模式",并进一步延伸出,"这样看来,此其实还是与弱小民族在世界上求生存,或是少数团体在社会中表达意见的方法一样,都是先了解优势团体的期望,进而学习并内化其行为模式,再以相似的、熟悉的、可接受的方式去行动"[①]。

因此,当身处弱势时,针锋相对和迂回行事都是可行的选择,值得思考的是两种选择的不同适用情境。例如,是否当谈判对手具有较高的权威主义人格时,针锋相对较不容易成功?在未来的研究中,需要就这一点进行探讨。

(二) 权力对比:改变还是固守?

本书所讨论的情况都是在现有权力框架下进行的,即考虑如何在既定情况下施展策略,当然也在前面的研究中引入了主观权力作为中介变量或者操纵检查。尽管本书的讨论对象是谈判者在身处弱势时的可能选择,但以往的研究也表明权力对谈判的分配性结果具有决定性的作用。因此,弱势谈判者应从更根本的角度考虑,即如何改善权力本身。从权力的基础来看,弱者至少可以考虑以

[①] 伊庆春. 中国女性的婚姻与职业[M]//文崇一,萧新煌. 中国人:观念与行为. 南京:江苏教育出版社,2005,第187页.

下思路:

第一,尽可能发展BATNA,开发备选的方案,并且尽量将方案做得切实可行、更有信服力,以说服当前的谈判对手。例如,在谈判时,展示与另一潜在伙伴草签的协议,从而改变权力对比。

第二,在谈判中展示谈判者个人的专业知识、沟通能力、社会地位等,甚至包括相关的谈判经验、专业资质、顾问团队等,以增强专家权力和职位权力。

第三,尽可能收集有关谈判的背景信息和谈判对手的目标、底线等,提高信息权力,还可以向谈判对手展示对己方有利的以往案例、国际惯例等。

总的来说,弱者的种种策略是不得已的选择,也是短期的选择。无论是个体、企业还是国家,长久之计应是改善权力格局,而不是在"螺蛳壳里做道场"。Schelling(1960)指出,有时有限的权力反而更能给行动者带来优势,例如采用破釜沉舟的办法,或者狭路相逢时拆掉方向盘,但这些策略的使用有其局限性,也不利于彼此关系的长远发展。

参 考 文 献

[1] Abele A. E. The dynamics of masculine-agentic and feminine-communal traits: Findings from a prospective study[J]. *Journal of Personality and Social Psychology*, 2003, 85: 768—776.

[2] Adair W., Brett J. M. *Culture and negotiation processes*[M]. In Gelfand M. J., Brett J. M. (Eds.), *Handbook of negotiation and culture* (pp. 158—176). Palo Alto, CA: Stanford University Press, 2004.

[3] Adair W., Okumura T., Brett J. M. Negotiation behavior when cultures collide: The United States and Japan[J]. *Journal of Applied Psychology*, 2001, 86(3): 371—385.

[4] Adair W. L., Weingart L., Brett J. The timing and function of offers in US and Japanese negotiations[J]. *Journal of Applied Psychology*, 2007, 92(4): 1056—1068.

[5] Amanatullah E. T., Tinsley C. H. Punishing female negotiators for asserting too much, or not enough: Exploring why advocacy moderates backlash against assertive female negotiators[J]. *Organizational Behavior and Human Decision Processes*, 2013, 120(1): 110—122.

[6] Anderson C., Thompson L. L. Affect from the top down: How powerful individuals' positive affect shapes negotiations[J]. *Organizational Behavior and Human Decision Processes*, 2004, 95(2): 125—139.

[7] Arreguin-Toft I. How the weak win wars: A theory of asymmetric conflict [J].

International Security, 2001, 26(1): 93—128.

[8] Asch S. E. Forming impressions of personality[J]. *The Journal of Abnormal and Social Psychology*, 1946, 41(3): 258—290.

[9] Ayres I., Siegelman P. Race and gender discrimination in bargaining for a new car[J]. *The American Economic Review*, 1995, 85(3): 304—321.

[10] Babcock L., Gelfand M., Small D., Stayn H. *Gender differences in the propensity to initiate negotiations*[M]. In De Cremer D., Zeelenberg M., Murnighan J. K. (Eds.), Social Psychology and Economics (pp. 239—259). Mahwah, NJ: Lawrence Erlbaum, 2006.

[11] Baron B. M., Kenny D. A. The moderator-mediator variable distinction in social psychological research: Conceptual, strategic and statistical consideration[J]. *Journal of Personality and Social Psychology*, 1986, 51(6): 1173—1182.

[12] Baron R. A. Environmentally induced positive affect: Its impact on self-efficacy, task performance, negotiation, and conflict[J]. *Journal of Applied Social Psychology*, 1990, 20(5): 368—384.

[13] Barres B. A. Does gender matter? [J]. *Nature*, 2006, 442(7099): 133—136.

[14] Barrick M. R., Mount M. K. The big five personality dimensions and job performance: A meta-analysis[J]. *Personnel Psychology*, 1991, 44(1): 1—26.

[15] Barry B., Friedman R. A. Bargainer characteristics in distributive and integrative negotiation[J]. *Journal of Personality and Social Psychology*, 1998, 74(2): 345—359.

[16] Batson C. D., Ahmad N. Empathy—induced altruism in a prisoner's dilemma II: What if the target of empathy has defected? [J]. *European Journal of Social Psychology*, 2001, 31(1): 25—36.

[17] Batson C. D., Fultz J., Schoenrade P. A. Distress and empathy: Two qualitatively distinct vicarious emotions with different motivational consequences[J]. *Journal of Personality*, 1987, 55(1): 19—39.

[18] Bazerman M., Curhan J., Moore D., Valley K. Negotiation[J]. *Annual Review of Psychology*, 2000, 51(1): 279—314.

[19] Berdahl J. L., Martorana P. Effects of power on emotion and expression during a controversial group discussion[J]. *European Journal of Social Psychology*, 2006, 36

(4): 497—509.

[20] Bond M. H., Leung K., Wan K. -C. The social impact of self-effacing attributions: The Chinese case[J]. *Journal of Social Psychology*, 1982, 118(2): 157—166.

[21] Bowles H. R., Babcock L., Lai, L. Social incentives for gender differences in the propensity to initiate negotiations: Sometimes it does hurt to ask[J]. *Organizational Behavior and Human Decision Processes*, 2007, 103(1): 84—103.

[22] Bowles H. R., Babcock L. How can women escape the compensation negotiation dilemma? Relational accounts are one answer[J]. *Psychology of Women Quarterly*, 2013, 37(1): 80—96.

[23] Bowles H. R., Babcock L., McGinn, K. L. Constraints and triggers: Situational mechanics of gender in negotiation[J]. *Journal of Personality and Social Psychology*, 2005, 89(6): 951—965.

[24] Brown G., Baer M. Location in negotiation: Is there a home field advantage? [J]. *Organizational Behavior and Human Decision Processes*, 2011, 114(2): 190—200.

[25] Brown P., Levinson S. C. *Politeness: Some universals in language usage*[M]. New York: Cambridge University Press, 1987.

[26] Brett J. M., Okumura T. Inter- and Intra-Cultural negotiation: U. S. and Japanese negotiators[J]. *Academy of Management Journal*, 1998, 41(5): 495—510.

[27] Brescoll V. L. Who takes the floor and why: Gender, power, and volubility in organizations[J]. *Administrative Science Quarterly*, 2012, 56(4): 622—641.

[28] Brett J. F., Pinkley R. L., Jackofsky E. F. Alternatives to having a BATNA in dyadic negotiation: The influence of goals, self-efficacy, and alternatives on negotiated outcomes[J]. *International Journal of Conflict Management*, 1996, 7(2): 121—138.

[29] Cacioppo J. T., Priester J. R., Berntson G. G. Rudimentary determinants of attitudes II: Arm flexion and extension have differential effects on attitudes[J]. *Journal of Personality and Social Psychology*, 1993, 65(1): 5—17.

[30] Carnevale P. J., Isen A. M. The influence of positive affect and visual access on the discovery of integrative solutions in bilateral negotiation[J]. *Organizational Behavior and Human Decision Processes*, 1986, 37(1): 1—13.

[31] Carnevale P. J., De Dreu C. K. W. Laboratory experiments in negotiation and social conflict[J]. *International Negotiation*, 2005, 10(1): 51—65.

[32] Chiu C. Y. Response to injustice in popular sayings and among Hong Kong college students[J]. *Journal of Social Psychology*, 1991, 131(5): 655—665.

[33] Chen S., Lee-Chai A. Y., Bargh J. A. Relationship orientation as a moderator of the effects of social power[J]. *Journal of Personality and Social Psychology*, 2001, 80(2): 173—187.

[34] Costa P. T., McCrae R. R. *Neo PI-R professional manual* [M]. Odessa, FL: Psychological Assessment Resources, 1992.

[35] Courneya K. S., Carron A. V. The home advantage in sport competitions: A literature review[J]. *Journal of Sport & Exercise Psychology*, 1992, 14(1): 13—27.

[36] Crowe E., Higgins E. T. Regulatory focus and strategic inclinations: Promotion and prevention in decision-making [J]. *Organizational Behavior and Human Decision Processes*, 1997, 69(2): 117—132.

[37] De Dreu C. K. W. Coercive power and concession making in bilateral negotiation[J]. *Journal of Conflict Resolution*, 1995, 39(4): 646—670.

[38] De Dreu C. K. W., Beersma B., Stroebe K., Euwema M. C. Motivated information processing, strategic choice, and the quality of negotiated agreement[J]. *Journal of Personality and Social Psychology*, 2006, 90(6): 927—943.

[39] De Dreu C. K. W., Carnevale P. J. D. *Motivational bases of information processing and strategy in conflict and negotiation* [M]. In Zanna M. P. (Eds.), *Advances in Experimental Social Psychology* (pp. 235—291). New York: Academic Press, 2003.

[40] Dreu C. K. W., Lange P. A. M. The impact of social value orientations on negotiator cognition and behavior[J]. *Personality and Social Psychology Bulletin*, 1995, 21(11): 1178—1188.

[41] De Dreu C. K. W., Van Kleef G. A. The influence of power on the information search, impression formation, and demands in negotiation[J]. *Journal of Experimental Social Psychology*, 2004, 40(3): 303—319.

[42] De Dreu C. K. W., Weingart L. R., Kwon S. Influence of social motives on integrative negotiation: A meta-analytic review and test of two theories[J]. *Journal of Personality and Social Psychology*, 2000, 78(5): 889—905.

[43] Deutsch M. Trust and suspicion[J]. *Journal of Conflict Resolution*, 1958, 2(4): 265—279.

[44] Deutsch M. *Interdependence and psychological orientation* [M]. In Derlega V. J., Grzelak J. (Eds.), *Cooperation and helping behavior*: *Theories and research* (pp. 16—42). New York: Academic Press, 1982.

[45] Dimotakis N., Conlon D. E., Ilies R. The mind and heart (literally) of the negotiator: Personality and contextual determinants of experiential reactions and economic outcomes in negotiation[J]. *Journal of Applied Psychology*, 2012, 97(1): 183—193.

[46] Emerson R. M. Power-dependence relations[J]. *American Sociological Review*, 1962, 27(1): 31—41.

[47] Erez M., Earley P. C. *Culture, self-identity, and work* [M]. New York: Oxford University Press, 1993.

[48] Farh J. L., Cheng B. S. A cultural analysis of paternalistic leadership in Chinese organizations. In Management and organizations in the Chinese context. Palgrave Macmillan UK, 2000: 84—127.

[49] Farh J. L., Earley P. C., Lin S. C. Impetus for action: A cultural analysis of justice and organizational citizenship behavior in Chinese society [J]. *Administrative Science Quarterly*, 1997, 42(3): 421—444.

[50] Farh J. L., Hackett R. D., Liang J. Individual-level cultural values as moderators of perceived organizational support-employee outcome relationships in China: Comparing the effects of power distance and traditionality[J]. *Academy of Management Journal*, 2007, 50(3): 715—729.

[51] Faure G. O. The cultural dimensions of negotiation: The Chinese case[J]. *Group Decision and Negotiation*, 1999, 8(3): 187—215.

[52] Fernandez J. A., Underwood L. *China CEO*: *Voices of experience from 20 international business leaders*[M]. John Wiley & Sons, 2006.

[53] Filsinger E. E., Thomas S. J. Behavioral antecedents of relationship stability and adjustment: A five-year longitudinal study[J]. *Journal of Marriage and the Family*, 1988, 50(3): 785—795.

[54] Fisher R., Brown S. *Getting together*: *Building a relationship that gets to yes* [M]. Houghton Mifflin Harcourt (HMH), 1988.

[55] Fisher R., Ury W. L., Patton B. *Getting to yes*: *Negotiating agreement without giving in*[M]. Penguin, 2011.

[56] Fiske S. T. Controlling other people: The impact of power on stereotyping[J]. *American Psychologist*, 1993, 48(6): 621—628.

[57] Fiske S. T., Cuddy A. J., Glick P. Universal dimensions of social cognition: Warmth and competence[J]. *Trends in Cognitive Sciences*, 2007, 11(2): 77—83.

[58] Fiske S. T., Taylor S. E. *Social cognition* (2nd ed.)[M]. New York: McGraw-Hill, 1991.

[59] Fragale A. R. The power of powerless speech: The effects of speech style and task interdependence on status conferral[J]. *Organizational Behavior and Human Decision Processes*, 2006, 101(2): 243—261.

[60] Freedman J. L., Fraser S. C. Compliance without pressure: The foot-in-the-door technique[J]. *Journal of Personality and Social Psychology*, 1966, 4(2): 195—202.

[61] French J. R. P., Raven B., Cartwright D. The bases of social power[J]. *Classics of Organization Theory*, 1959: 311—320.

[62] Fry W. R. The effect of dyad Machiavellianism and visual access on integrative bargaining outcomes[J]. *Personality and Social Psychology Bulletin*, 1985, 11(1): 51—62.

[63] Galinsky A. D., Maddux W. W., Gilin D., White J. B. Why it pays to get inside the head of your opponent: The differential effects of perspective-taking and empathy in negotiations[J]. *Psychological Science*, 2008, 19(4): 378—384.

[64] Galinsky A. D., Leonardelli G. J., Okhuysen G. A., Mussweiler T. The role of regulatory focus in negotiation: Promoting distributive and integrative success[J]. *Personality and Social Psychology Bulletin*, 2005, 31(8): 1087—1098.

[65] Gelfand M. J., Christakopoulou S. Culture and negotiator cognition: Judgment accuracy and negotiation processes in individualistic and collectivistic cultures[J]. *Organization Behavior and Human Decision Processes*, 1999, 79(3): 248—269.

[66] Gelfand M., Dyer N. A cultural perspective on negotiation: Progress, pitfalls, and prospects[J]. *Applied Psychology*, 2000, 49(1): 62—99.

[67] Gelfand M. J., McCusker C. Metaphor and the cultural construction of negotiation: A paradigm for theory and research[M]. In Gannon M., Newman K. L. (Eds.), *Handbook of cross-cultural management* (pp. 292—314). New York: Blackwell, 2002.

[68] Ghauri P., Fang T. Negotiating with the Chinese: A socio-cultural analysis[J]. *Journal*

of *World Business*, 2001, 36(3): 303—325.

[69] Gladstone E., O'Connor K. M. A counterpart's feminine face signals cooperativeness and encourages negotiators to compete[J]. *Organizational Behavior and Human Decision Processes*, 2014, 125(1): 18—25.

[70] Gladwell M. *David and Goliath: Underdogs, misfits, and the art of battling giants* [M]. Little, Brown and Company 2013.

[71] Goldberg L. R. The development of markers for the Big-Five factor structure[J]. *Psychological Assessment*, 1992, 4(1): 26—42.

[72] Goldin C., Rouse C. Orchestrating impartiality: The impact of "blind" auditions on female musicians (No. w5903)[R]. National Bureau of Economic Research, 1997.

[73] Graham J. L., Lam N. M. The Chinese negotiation[J]. *Harvard Business Review*, 2003, 81(10): 82—91.

[74] Graham J. L., Mintu A. T., Rodgers W. Explorations of negotiation behaviors in ten foreign cultures using a model developed in the United States[J]. *Management Science*, 1994, 40(1): 72—95.

[75] Gray-Little B., Burks N. Power and satisfaction in marriage: A review and critique[J]. *Psychological Bulletin*, 1983, 93(3): 513—538.

[76] Graziano W. G., Habashi M. M., Sheese B. E., Tobin R. M. Agreeableness, empathy, and helping: A person × situation perspective[J]. *Journal of Personality and Social Psychology*, 2007, 93(4): 583—599.

[77] Greig F. Propensity to negotiate and career advancement: Evidence from an investment bank that women are on a "slow elevator" [J]. *Negotiation Journal*, 2008, 24(4): 495—508.

[78] Hall E. T. *Beyond culture*[M]. Garden City, NY: Anchor, 1976.

[79] Handgraaf M. J. J., Dijk E. V., Vermunt R. C., Wilke H. A., De Dreu C. K. Less power or powerless? Egocentric empathy gaps and the irony of having little versus no power in social decision making[J]. *Journal of Personality and Social Psychology*, 2008, 95 (5): 1136—1149.

[80] Hatfield E., Cacioppo J. T., Rapson R. L. *Emotional contagion*[M]. New York, NY: Cambridge University Press, 1994.

[81] Heilman M. E., Chen J. J. Same behavior, different consequences: Reactions to men's

and women's altruistic citizenship behaviors[J]. *Journal of Applied Psychology*, 2005, 90(3): 431—441.

[82] Heilman M. E., Wallen A. S., Fuchs D. Tamkins M. M. Penalties for success: Reactions to women who succeed at male gender-typed tasks[J]. *Journal of Applied Psychology*, 2004, 89(3): 416—427.

[83] Heilman M. E., Okimoto T. G. Why are women penalized for success at male tasks?: The implied communality deficit[J]. *Journal of Applied Psychology*, 2007, 92(1): 81—92.

[84] Heine S. J., Lehman, D. R. Culture, self-discrepancies, and self-satisfaction[J]. *Personality and Social Psychology Bulletin*, 1999, 25(8): 915—925.

[85] Heine S. J., Lehman D. R., Markus H. R., Kitayama S. Is there a universal need for positive self-regard? [J]. *Psychological Review*, 1999, 106(4): 766—794.

[86] Henry J. P., Stephens P. M. *Stress, health, and the social environment: A sociobiologic approach to medicine*[M]. Springer, 1977.

[87] Henry J. P., Stephens P. M., Ely D. L. Psychosocial hypertension and the defence and defeat reactions[J]. *Journal of Hypertension*, 1986, 4(6): 687—688.

[88] Higgins E. T. Promotion and prevention: Regulatory focus as a motivational principle [J]. *Advances in Experimental Social Psychology*, 1998, 30: 1—46.

[89] Higgins E. T., Friedman R. S., Harlow R. E., Idson L. C., Ayduk O. N., Taylor A. Achievement orientations from subjective histories of success: Promotion pride versus prevention pride[J]. *European Journal of Social Psychology*, 2001, 31(1): 3—23.

[90] Ho G. C., Shih M, Walters D. J. Labels and leaders: The influence of framing on leadership emergence[J]. *Leadership Quarterly*, 2012, 23(5): 943—952.

[91] Hofstede G. *Culture's consequences: International differences in work-related values* [M]. Beverly Hills CA: Sage Publications, 1980.

[92] Holt J. L., DeVore C. J. Culture, gender, organizational role, and styles of conflict resolution: A meta-analysis [J]. *International Journal of Intercultural Relations*, 2005, 29(2): 165—196.

[93] Huber V. L., Neale M. A. Effects of self-and competitor goals on performance in an interdependent bargaining task[J]. *Journal of Applied Psychology*, 1987, 72(2): 197—203.

[94] Hurtz G. M., Donovan J. J. Personality and job performance: The Big Five revisited[J]. *Journal of Applied Psychology*, 2000, 85(6): 869—879.

[95] Johnson P. Women and power: Toward a theory of effectiveness[J]. *Journal of Social Issues*, 1976, 32(3): 99—110.

[96] Johnson P. *Women and interpersonal power* [J]. In Frieze I. H., Parsons J. E., Johnson P. B., Ruble D. N., Zellman G. L. (Eds.), *Women and sex roles: A social psychological perspective* (pp. 301—320). New York: Norton, 1978.

[97] Kamins M. A., Johnston W. J., Graham J. L. A multi-method examination of buyer-seller interactions among Japanese and American businesspeople [J]. *Journal of International Marketing*, 1998, 6(1): 8—32.

[98] Kelley H. H., Thibaut J. W. *Interpersonal relations: A theory of interdependence* [M]. New York: Wiley, 1978.

[99] Keltner D., Van Kleef G. A., Chen S., Kraus M. W. A reciprocal influence model of social power: Emerging principles and lines of inquiry[J]. *Advances in Experimental Social Psychology*, 2008, 40: 151—192.

[100] Keltner D., Gruenfeld D. H., Anderson C. Power, approach, and inhibition[J]. *Psychological Review*, 2003, 110(2): 265—284.

[101] Kim P. H., Pinkley R. L., Fragale A. R. Power dynamics in negotiation[J]. *Academy of Management Review*, 2005, 30(4): 799—822.

[102] Kim P. H. Strategic timing in group negotiations: The implications of forced entry and forced exit for negotiators with unequal power[J]. *Organizational Behavior and Human Decision Processes*, 1997, 71(3): 263—286.

[103] Kipnis D. Does power corrupt? [J]. *Journal of Personality and Social Psychology*, 1972, 24(1): 33—41.

[104] Kopelman S., Rosette A. S. Cultural variation in response to strategic emotions in negotiations[J]. *Group Decision and Negotiation*, 2008, 17(1): 65—77.

[105] Kopelman S., Rosette A. S., Thompson L. The three faces of Eve: Strategic displays of positive, negative, and neutral emotions in negotiations [J]. *Organizational Behavior and Human Decision Processes*, 2006, 99(1): 81—101.

[106] Kray L. J., Reb J., Galinsky A. D., Thompson L. L. Stereotype reactance at the bargaining table: The effect of stereotype activation and power on claiming and creating

value[J]. *Personality and Social Psychology Bulletin*, 2004, 30(4): 399—411.

[107] Kray L. J., Thompson L., Galinsky A. Battle of the sexes: Gender stereotype confirmation and reactance in negotiations[J]. *Journal of Personality and Social Psychology*, 2001, 80(6): 942—958.

[108] Kruglanski A. W. *Lay epistemics and human knowledge: Cognitive and motivational bases*[M]. New York: Plenum Pres, 1989.

[109] Kruglanski A. W., Webster D. M. Group members' reactions to opinion deviates and conformists at varying degrees of proximity to decision deadline and of environmental noise[J]. *Journal of Personality and Social Psychology*, 1991, 61(2): 212—225.

[110] Lammers J., Stoker J. I., Stapel D. A. Differentiating social and personal power: Opposite effects on stereotyping, but parallel effects on behavior approach tendencies [J]. *Psychological Science*, 2009, 20(12): 1543—1548.

[111] Langer E. J. Mindful learning[J]. *Current Directions in Psychological Science*, 2000, 9(6): 220—223.

[112] Larson M. J. Low-power contributions in multilateral negotiations: A framework analysis[J]. *Negotiation Journal*, 2003, 19(2): 133—149.

[113] Lawler E. J. Power processes in bargaining[J]. *The Sociological Quarterly*, 1992, 33(1): 17—34.

[114] Lawler E. J., Bacharach S. B. Comparison of dependence and punitive forms of power [J]. *Social Forces*, 1987, 66(2): 446—462.

[115] Lawler E. J., Ford R. S., Blegen M. A. Coercive capability in conflict: A test of bilateral deterrence versus conflict spiral theory[J]. *Social Psychology Quarterly*, 1988, 51(2): 93—107.

[116] Lax D., Sebenius J. *The manager as negotiator: Bargaining for competitive gain* [M]. New York: Free press, 1986.

[117] Lelieveld G., Van Dijk E., Van Beest I., Van Kleef G. A. Does communicating disappointment in negotiations help or hurt? Solving an apparent inconsistency in the social-functional approach to emotions [J]. *Journal of Personality and Social Psychology*, 2013, 105(4): 605—620.

[118] Leung K. Negotiation and reward allocations across cultures[M]. In Earley P. C., Erez M. (Eds.), New Perspectives on International/Industrial Organizational

Psychology. San Francisco: The New Lexington Press/Jossey-Bass Publishers, 1997.

[119] Leung K., Koch P. T., Lu L. A dualistic model of harmony and its implications for conflict management[J]. *Asia Pacific Journal of Management*, 2002, 19(2—3): 201—220.

[120] Liberman V., Samuels S. M., Ross L. The name of the game: Predictive power of reputations versus situational labels in determining prisoner's dilemma game moves[J]. *Personality and Social Psychology Bulletin*, 2004, 30(9): 1175—1185.

[121] Lyubomirsky S., King L., Diener E. The benefits of frequent positive affect: Does happiness lead to success? [J]. *Psychological Bulletin*, 2005, 131(6): 803—855.

[122] Maccoby E. E. Gender and relationships: A developmental account[J]. *American Psychologist*, 1990, 45: 513—520.

[123] Major B. Gender, entitlement, and the distribution of family labor[J]. *Journal of Social Issues*, 1993, 49(3): 141—159.

[124] Mannix E. A., Neale M. A. Power imbalance and the pattern of exchange in dyadic negotiation[J]. *Group Decision and Negotiation*, 1993, 2(2): 119—133.

[125] Markus H. R., Kitayama S., Heiman R. J. Culture and "basic" psychological principles[M]. In Higgins E. T., Kruglanski A. W. (Eds.), Social psychology: Handbook of basic principles (pp. 857—913). New York: Guilford Press, 1996.

[126] Mayer D., Nishii L., Schneider B., Goldstein H. The precursors and products of justice climates: Group leader antecedents and employee attitudinal consequences[J]. *Personnel Psychology*, 2007, 60(4): 929—963.

[127] Mazar N., Amir O., Ariely D. The dishonesty of honest people: A theory of self-concept maintenance[J]. *Journal of Marketing Research*, 2008, 45(6): 633—644.

[128] McAlister L., Bazerman M. H., Fader P. Power and goal setting in channel negotiation[J]. *Journal of Marketing Research*, 1986, 23(3): 228—236.

[129] McArthur L. Z., Resko B. G. The portrayal of men and women in American television commercials[J]. *The Journal of Social Psychology*, 1975, 97(2): 209—220.

[130] Mento A. J., Steel R. P., Karren R. J. A meta-analytic study of the effects of goal setting on task performance: 1966—1984[J]. *Organizational Behavior and Human Decision Processes*, 1987, 39(1): 52—83.

[131] Messick D. M. Equality as a decision heuristic[M]. In Mellers B. A., Baron J.

(Eds.), Psychological perspectives on justice: Theory and applications. Cambridge, England: Cambridge University Press, 1993.

[132] Messick D. M., McClintock C. G. Motivational bases of choice in experimental games [J]. *Journal of Experimental Social Psychology*, 1968, 4(1): 1—25.

[133] Morand D. A. Language and power: An empirical analysis of linguistic strategies used in superior-subordinate communication [J]. *Journal of Organizational Behavior*, 2000, 21(3): 235—248.

[134] Moore D. A., Kurtzberg T. R., Thompson L. L., Morris M W. Long and short routes to success in electronically mediated negotiations: Group affiliations and good vibrations[J]. *Organizational Behavior and Human Decision Processes*, 1999, 77(1): 22—43.

[135] Morris M. W., Williams K. Y., Leung K., Larrick R., Mendoza M. T., Bhatnagar, D., Li J. F., Luo J. L., Hu J. C. Conflict management style: Accounting for cross-national differences[J]. *Journal of International Business Studies*, 1998, 29(4): 729—747.

[136] Neale M. A., Bazerman M. H. Negotiator cognition and rationality: A behavioral decision theory perspective [J]. *Organizational Behavior and Human Decision Processes*, 1992, 51(2): 157—175.

[137] Neale M. A. New recruit [M]. In Brett J. M. (Ed.), Teaching materials for negotiations and decision making. Evanston, IL: Northwestern University, Dispute Resolution Research Center, 1997.

[138] Neale M. A., Bazerman M. H. The effects of framing and negotiator overconfidence on bargaining behaviors and outcomes[J]. *Academy of Management Journal*, 1985, 28(1): 34—49.

[139] Northcraft G. B., Neale M. A. Experts, amateurs, and real estate: An anchoring-and-adjustment perspective on property pricing decisions[J]. *Organizational Behavior and Human Decision Processes*, 1987, 39(1): 84—97.

[140] Northcraft G. B., Neale M. A., Early P. C. Joint effects of assigned goals and training on negotiator performance[J]. *Human Performance*, 1994, 7(4): 257—272.

[141] Ohtsubo Y., Kameda T. The function of equality heuristic in distributive bargaining: Negotiated allocation of costs and benefits in a demand revelation context[J]. *Journal*

of Experimental Social Psychology, 1998, 34(1): 90—108.

[142] Olekalns M., Smith P. L. Testing the relationships among negotiators' motivational orientations, strategy choices, and outcomes[J]. *Journal of Experimental Social Psychology*, 2003, 39(2): 101—117.

[143] Overbeck J. R., Park B. Powerful perceivers, powerless objects: Flexibility of powerholders' social attention[J]. *Organizational Behavior and Human Decision Processes*, 2006, 99(2): 227—243.

[144] Palich L. E., Carini G. R., Livingstone L. P. Comparing American and Chinese negotiating styles: The influence of logic paradigms[J]. *Thunderbird International Business Review*, 2002, 44(6): 777—798.

[145] Petty R. E., Cacioppo J. T. *The elaboration likelihood model of persuasion*[M]. New York, Springer, 1986.

[146] Petty R. E., Cacioppo J. T. Issue involvement can increase or decrease persuasion by enhancing message-relevant cognitive responses[J]. *Journal of Personality and Social Psychology*, 1979, 37(10): 1915—1926.

[147] Piff P. K., Kraus M. W., Côté S., Cheng B. H., Keltner D. Having less, giving more: The influence of social class on prosocial behavior[J]. *Journal of Personality and Social Psychology*, 2010, 99(5): 771—784.

[148] Pinkley R. L., Neale M. A., Bennett R. J. The impact of alternatives to settlement in dyadic negotiation[J]. *Organizational Behavior and Human Decision Processes*, 1994, 57(1): 97—116.

[149] Pinkley R. L. Impact of knowledge regarding alternatives to settlement in dyadic negotiations[J]. *Journal of Applied Psychology*, 1995, 80(3): 403—417.

[150] Pillutla M. M., Farh J. L., Lee C., Lin Z. An investigation of traditionality as a moderator of reward allocation[J]. *Group & Organization Management*, 2007, 32(2): 233—253.

[151] Pruitt D. G., Rubin J. Z. *Social conflict: Escalation, stalemate, and settlement*[M]. New York: Random House, 1986.

[152] Pruitt D. G. *Negotiation behavior*[M]. New York: Academic Press, 1981.

[153] Pruitt D. G. *Social conflict*[M]. McGraw-Hill, 1998.

[154] Pruitt D. G., Syna H. Mismatching the opponent's offers in negotiation[J]. *Journal*

[154] *of Experimental Social Psychology*, 1985, 21(2): 103—113.

[155] Pye L. W. The China trade-making the deal[J]. *Harvard Business Review*, 1986, 64(4): 74.

[156] Qian J., Lin X. S., Han Z. R., Chen Z. X., Hays J. What matters in the relationship between mentoring and job-related stress? The moderating effects of protégés' traditionality and trust in mentor[J]. *Journal of Management & Organization*, 2014, 20(5): 608—623.

[157] Ridgeway C. L. Status in groups: The importance of motivation[J]. *American Sociological Review*, 1982, 47(2): 76—88.

[158] Roloff M. E., Dailey W. O. The effects of alternatives to reaching agreement on the development of integrative solutions to problems: The debilitating side effects of shared BATNAs [A]. In Paper presented at the Temple University discourse conference, Conflict Interventions Perspectives on Process, Philadelphia, PA, 1987.

[159] Rosener J. How women lead[J]. *Harvard Business Review*, 1990, 68(6): 119—125.

[160] Rubin J. Z., Brown B. R. *The social psychology of bargaining and negotiation*[M]. New York: Academic Press, 1975.

[161] Rudman L. A. Self-promotion as a risk factor for women: The costs and benefits of counterstereotypical impression management[J]. *Journal of Personality and Social Psychology*, 1998, 74(3): 629—645.

[162] Savage G. T., Blair J. D., Sorenson R. L. Consider both relationships and substance when negotiating strategically[J]. *The Academy of Management Executive*, 1989, 3(1): 37—48.

[163] Schelling T. C. *The strategy of conflict*[M]. Boston, MA: Harvard University Press, 1960.

[164] Scott J. *Weapons of the weak: Everyday forms of peasant resistance*[M]. New Haven: Yale University Press, 1985.

[165] Shirako A., Kilduff G. J., & Kray L. J. (2015). Is there a place for sympathy in negotiation? Finding strength in weakness. Organizational Behavior and Human Decision Processes, 131, 95—109.

[166] Sieber J. E., Sakes M. J. A census of subject pool characteristics and policies[J]. *American Psychologist*, 1989, 44(7): 1053—1061.

[167] Sinaceur M., Tiedens L. Z. Get mad and get more than even: When and why anger expression is effective in negotiations[J]. *Journal of Experimental Social Psychology*, 2006, 42(3): 314—322.

[168] Skrypnek B. J., Snyder M. On the self-perpetuating nature of stereotypes about women and men[J]. *Journal of Experimental Social Psychology*, 1982, 18(3): 277—291.

[169] Small D. A., Gelfand M., Babcock L., Gettman H. Who goes to the bargaining table? The influence of gender and framing on the initiation of negotiation[J]. *Journal of Personality and Social Psychology*, 2007, 93(4): 600—613.

[170] Smith D. L., Pruitt D. G., Carnevale P. J. Matching and mismatching: The effect of own limit, other's toughness, and time pressure on concession rate in negotiation[J]. *Journal of Personality and Social Psychology*, 1982, 42(5): 876—883.

[171] Sondak H., Bazerman M. H. Power balance and the rationality of outcomes in matching markets[J]. *Organizational Behavior and Human Decision Processes*, 1991, 50(1): 1—23.

[172] Steinel W., Van Kleef G. A., Harinck F. Are you talking to me?! Separating the people from the problem when expressing emotions in negotiation[J]. *Journal of Experimental Social Psychology*, 2008, 44(2): 362—369.

[173] Sternberg R. J. Images of mindfulness[J]. *Journal of Social Issues*, 2000, 56(1): 11—26.

[174] Stuhlmacher A. F., Walters A. E. Gender differences in negotiation outcome: A meta-analysis[J]. *Personnel Psychology*, 1999, 52(3): 653—677.

[175] Talhelm T., Zhang X., Oishi S., Shimin C., Duan D., Lan X., Kitayama S. Large-scale psychological differences within China explained by rice versus wheat agriculture [J]. *Science*, 2014, 344(6184): 603—608.

[176] Taylor S. E., Brown J. D. Illusion and well-being: A social psychological perspective on mental health[J]. *Psychological Bulletin*, 1988, 103(2): 193—210.

[177] Teng S. Y., Fairbank J. K. *China's response to the West: A documentary survey, 1839—1923*[M]. Boston: Harvard University Press, 1979.

[178] Thompson L. L. *The mind and heart of the negotiator*[M]. Prentice-Hall Inc, 2001.

[179] Thompson L. L., Hastie R. Social perception in negotiation[J]. *Organizational Behavior and Human Decision Process*, 1990, 47(1): 98—123.

[180] Thompson L. L., Wang J., Gunia B. C. Negotiation[J]. *Annual Review of Psychology*, 2010, 61(1): 491—515.

[181] Triandis H. C. The self and social behavior in differing cultural contexts[J]. *Psychological Review*, 1989, 96(3): 506—520.

[182] Triandis H. C. *Individualism & collectivism*[M]. Oxford: Westview press, 1995.

[183] Tsai J. L., Louie J. Y., Chen E. E., Uchida Y. Learning what feelings to desire: Socialization of ideal affect through children's storybooks[J]. *Personality and Social Psychology Bulletin*, 2007a, 33(1): 17—30.

[184] Tsai J. L., Miao F. F., Seppala E. Good feelings in Christianity and Buddhism: Religious differences in ideal affect[J]. *Personality and Social Psychology Bulletin*, 2007b, 33(3): 409—421.

[185] Tversky A., Kahneman D. Judgment under uncertainty: Heuristics and biases[J]. *Science*, 1974, 185(4157): 1124—1131.

[186] Ury W., Fisher R. *Getting to yes*[M]. Boston: Houghton Mifflin, 1981.

[187] Ury W. L., Brett J. M., Goldberg S. B. *Getting disputes resolved: Designing systems to cut the costs of conflict*[M]. San Francisco, CA: Jossey-Bass, 1988.

[188] Ury W. L., Brett J. M., Goldberg S. B. *Getting disputes resolved* (2nd ed.)[M]. San Francisco, CA: Jossey-Bass, 1993.

[189] Van Der Schalk J., Beersma B., Van Kleef G. A., De Dreu C. K. W. The more (complex), the better? The influence of epistemic motivation on integrative bargaining in complex negotiation[J]. *European Journal of Social Psychology*, 2010, 40(2): 355—365.

[190] Van Kleef G. A., De Dreu C. K. W. Longer-term consequences of anger expression in negotiation: Retaliation or spillover?[J]. *Journal of Experimental Social Psychology*, 2010, 46(5): 753—760.

[191] Van Kleef G. A., De Dreu C. K., Manstead A. S. The interpersonal effects of anger and happiness in negotiations[J]. *Journal of Personality and Social Psychology*, 2004, 86(1): 57—76.

[192] Vladu M. Considerations regarding techniques for building interpersonal relation in communication[J]. *Alma Mater University Journal*, 2014, 7(1): 19—25.

[193] Wade M. E. Women and salary negotiation: The costs of self-advocacy[J]. *Psychology*

of Women Quarterly, 2001, 25(1): 65—76.

[194] Walters A. E., Stuhlmacher A. F., Meyer L. L. Gender and negotiator competitiveness: A meta-analysis[J]. *Organizational Behavior and Human Decision Processes*, 1998, 76(1): 1—29.

[195] Walton R. E., McKersie R. B. *A behavioral theory of labor negotiations*[M]. New York: McGraw-Hill, 1965.

[196] Webster D. M., Richter L., Kruglanski A. W. On leaping to conclusions when feeling tired: Mental fatigue effects on impressional primacy[J]. *Journal of Experimental Social Psychology*, 1996, 32(2): 181—195.

[197] Weingart L. R., Bennett R. J., Brett J. M. The impact of consideration of issues and motivational orientation on group negotiation process and outcome[J]. *Journal of Applied Psychology*, 1993, 78(3): 504—517.

[198] Weingart L. R., Thompson L. L., Bazerman M. H., Carroll J. S. Tactical behavior and negotiation outcomes[J]. *International Journal of Conflict Management*, 1990, 1(1): 7—31.

[199] Werner C. M., Stoll R., Birch P., White P. H. Clinical validation and cognitive elaboration: Signs that encourage sustained recycling[J]. *Basic and Applied Social Psychology*, 2002, 24(3): 185—203.

[200] Williams L. E., Bargh J. A. Experiencing physical warmth promotes interpersonal warmth[J]. *Science*, 2008, 322(5901): 606—607.

[201] Wojciszke B. Parallels between competence-versus morality related traits and individualistic versus collectivistic values [J]. *European Journal of Social Psychology*, 1997, 27(3): 245—256.

[202] Wolfe R. J., McGinn K. L. Perceived relative power and its influence on negotiations [J]. *Group Decision and Negotiation*, 2005, 14(1): 3—20.

[203] Yamagishi T., Hashimoto H., Cook K. S., Kiyonari T., Shinada M., Mifune N., Inukai K., Takagishi H., Horita Y., Li Y. Modesty in self-presentation: A comparison between the USA and Japan[J]. *Asian Journal of Social Psychology*, 2012, 15(1): 60—68.

[204] Yang K. S., Yu A. B., Yeh M. H. Chinese individual traditionality and modernity: Conceptualization and measurement[M]. In Yang K. S., Hwang K. K. (Eds), The

mind and behavior of Chinese people (pp. 241—306). Taipei: Kwai-kuan Book Co, 1991.

[205] Zetik D. C., Stuhlmacher A. F. Goal setting and negotiation performance: A meta-analysis[J]. *Group Processes & Intergroup Relations*, 2002, 5(1): 35—52.

[206] Zhong C. B., Leonardelli G. J. Cold and lonely: Does social exclusion literally feel cold?[J]. *Psychological Science*, 2008, 19(9): 838—842.

[207] 〔美〕彼得·约翰斯顿. 劣势谈判:从巨人手里得到你想要的一切[M]. 吴婷,李建敏译. 海口:南方出版社,2014.

[208] 〔美〕珍妮·布雷特. 全球谈判:跨文化交易谈判、争端解决与决策制定[M]. 范徵等译. 北京:中国人民大学出版社,2005.

[209] 〔美〕傅高义. 邓小平时代[M]. 冯克利译. 北京:生活·读书·新知三联书店,2012.

[210] 〔美〕路易斯·郭士纳. 谁说大象不能跳舞[M]. 张秀琴,音正权译. 北京:中信出版社,2003.

[211] 〔美〕亨利·基辛格. 论中国[M]. 胡利平等译. 北京:中信出版社,2012.

[212] 〔美〕汤姆·普雷特. 对话潘基文[M]. 史国强,潘佳宁译. 北京:现代出版社,2013.

[213] 〔美〕雪莉·桑德伯格. 向前一步:女性,工作及领导意志[M]. 颜筝,曹定,王占华译. 北京:中信出版社,2014.

[214] 〔美〕孙隆基. 中国文化的深层结构[M]. 桂林:广西师范大学出版社,2014.

[215] 〔美〕沃尔特·艾萨克森. 史蒂夫·乔布斯传[M]. 管延圻等译. 北京:中信出版社,2011.

[216] 〔美〕小约瑟夫·奈. 理解国际冲突:理论与历史(第五版)[M]. 张小明译. 上海:上海世纪出版集团,2005.

[217] 陈从周. 惟有园林[M]. 天津:百花文艺出版社,2007.

[218] 陈峥嵘. 跟周恩来学谈判技巧[M]. 北京:红旗出版社,2009.

[219] 费孝通. 差序格局[M]//乡土中国·生育制度. 北京:北京大学出版社,1998.

[220] 黄光国. 面子:中国人的权力游戏[M]. 北京:中国人民大学出版社,2004.

[221] 李元伟. 李元伟篮坛风云路[M]. 北京:中国书店出版社,2010.

[222] 李肇星. 说不尽的外交[M]. 北京:中信出版社,2013.

[223] 孙立平. 博弈:断裂社会的利益冲突与和谐[M]. 北京:社会科学文献出版社,2006.

[224] 唐家璇. 劲风煦雨[M]. 北京:世界知识出版社,2009.

[225] 吴海民. 大国的较量:中美知识产权谈判纪实[M]. 武汉:长江文艺出版社,2009.

[226] 许嘉璐. 说"妇"、"女"[M]//古语趣谈. 北京:中华书局,2013.

[227] 胥英杰,李平. 智弈[M]. 北京:清华大学出版社,2008.

[228] 杨国枢,余安邦,叶明华. 中国人的传统性与现代性:概念与测量[M]//杨国枢. 中国人的心理与行为. 台北:桂冠图书公司,1989.

[229] 杨中芳. 如何理解中国人:文化与个人论文集[M]. 重庆:重庆大学出版社,2009.

[230] 伊庆春. 中国女性的婚姻与职业[M]//文崇一,萧新煌. 中国人:观念与行为. 南京:江苏教育出版社,2005.

[231] 张祥. 文化软实力与国际谈判[M]. 北京:社会科学文献出版社,2013.

[232] 张祥. 国际商务谈判——原则、方法、艺术[M]. 北京:社会科学文献出版社,2014.

[233] 张志学,王敏,韩玉兰. 谈判者的参照点和换位思考对谈判过程和谈判结果的影响[J]. 管理世界,2006,(1):83—95.

[234] 郑华. 首脑外交:中美领导人谈判的话语分析(1969—1972)[M]. 上海:上海人民出版社,2008.

[235] 朱良志. 曲院风荷[M]. 合肥:安徽教育出版社,2010.